U0036005

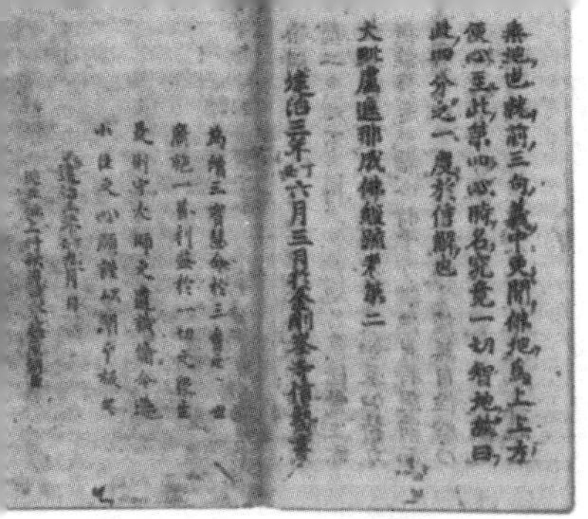

密宗的重要名詞解說

密宗的重要名詞解說蒐羅了密宗相關名詞，包括密宗的宗派、法義、修持法門、祖師大德、寺院、重要經典等，以實用的立場出發，並用深入淺出的文字詮釋，加上相關的整理圖表，讓您清楚了知密宗名詞的深意，正確掌握密法智慧的的密碼，為您開啟生命智慧的寶藏。

目錄

第二章 密宗的法義名詞……045

第三章 密宗的修持法門……163

第五章 密宗的重要寺院

出版緣起

佛法的深妙智慧，是人類生命中最閃亮的明燈，不只在我們困頓、苦難時，能撫慰我們的傷痛；更在我們幽暗、徘徊不決時，導引我們走向幸福、光明與喜樂。

佛法不只帶給我們心靈中最深層的安定穩實，更增長我們無盡的智慧，來覺悟生命的實相，達到究竟圓滿的正覺解脫。而在緊張忙碌、壓力漸大的現代世界中，讓我們的心靈，更加地寬柔、敦厚而有力，讓我們具有著無比溫柔的悲憫。

在進入二十一世紀的前夕，我們需要讓身心具有更雄渾廣大的力量，來接受未來的衝擊，並體受更多彩的人生。而面對如此快速遷化而多元無常的世間，我們也必須擁有十倍速乃至百倍速的決斷力及智慧，才能洞察實相。

同時在人際關係與界面的虛擬化與電子化過程當中，我們也必須擁有更廣大的心靈空間，來使我們的生命不被物質化、虛擬化、電子化。因此，在大步邁向新世紀之時，如何讓自己的心靈具有強大的覺性、自在寬坦，並擁有更深廣的慈悲能力，將是人類重要的課題。

生命是如此珍貴而難得，由於我們的存在，所以能夠具足喜樂、幸福，因自覺解脫而能離苦得樂，更能如同佛陀一般，擁有無上的智慧與慈悲。這菩提種子的苗芽，是生命走向圓滿的原力，在邁入二十一世紀時，我們必須更加的充實。

因此，如何增長大眾無上菩提的原力，是〈全佛〉出版佛書的根本思惟。所以，我們一直擘畫最切合大眾及時代因緣的出版品，期盼讓所有人得到真正的菩提利益，以完成〈全佛〉（一切眾生圓滿成佛）的究竟心願。

《佛教小百科》就是在這樣的心願中，所規劃提出的一套叢書，我們希望透過這一套書，能讓大眾正確的理解佛法、歡喜佛法、修行佛法、圓滿佛法，讓所有的人透過正確的觀察體悟，使生命更加的光明幸福，並圓滿無上的菩提。

因此，《佛教小百科》是想要完成介紹佛法全貌的拚圖，透過系統性的分門別類，把一般人最有興趣、最重要的佛法課題，完整的編纂出來。我們希望讓《佛教小百科》成為人手一冊的隨身參考書，正確而完整的描繪出佛法智慧的全相，並提煉出無上菩提的願景。

佛法的名相眾多，而意義又深微奧密。因此，佛法雖然擁有無盡的智慧寶藏，對人生深具啓發與妙用，但許多人往往困於佛教的名相與博大的系統，而難以受用其中的珍寶。

其實，所有對佛教有興趣的人，都時常碰到上述的這些問題，而我們在學佛的過程中，也不例外。因此，我們希望《佛教小百科》，不僅能幫助大眾了解佛法的名詞及要義，並且能夠隨讀隨用。

《佛教小百科》這一系列的書籍，期望能讓大眾輕鬆自在並有系統的掌握佛教的知識及要義。透過《佛教小百科》，我們如同掌握到進入佛法門徑鑰匙，得以一窺佛法廣大的深奧。

《佛教小百科》系列將導引大家，去了解佛菩薩的世界，探索佛菩薩的外相、內義，佛教曼荼羅的奧祕，佛菩薩的真言、手印、持物，佛教的法具、宇宙觀……等等，這一切與佛教相關的命題，都是我們依次編纂的主題。透過每一個主題，我們將宛如打開一個個窗口一般，可以探索佛教的真相及妙義。

而這些重要、有趣的主題，將依次清楚、正確的編纂而出，讓大家能輕鬆的了解其意義。

在佛菩薩的智慧導引下，全佛編輯部將全心全力的編纂這一套《佛教小百科》系列叢書，讓這套叢書能成為大家身邊最有效的佛教實用參考手冊，幫助大家深入佛法的深層智慧，歡喜活用生命的寶藏。

密宗的重要名詞解說——序

密法在人間的流傳，就像黑夜中祕密的燈明，導引著我們走向究竟圓滿的道路。一切佛法的核心，都在彰顯法界的實相；而密法更將諸佛如來果位修證的境界，直接加持眾生的身、語、意，使眾生現證身、語、意三密成就，而直趨如來的果位境界，著實不可思議。

然而一般人對於有著殊勝方便的密宗印象，總是認為這是一種非常神祕的宗教難以契及，即使是修學密法者，受了很多的灌頂的行者，對於密法的許多名詞，仍然一知半解；至於陌生的密宗名詞，也常有不得其門而入的苦惱，即使查閱相關的辭書，仍然不易了解。使得許多想更深入認識密宗的朋友，往往不知如何趣入。

面對密法龐大繁複的儀軌，修學者也常礙於名詞的不了解，無法正確掌握要義，非常可惜。有鑑於此，而有本書出版，幫助行者觀察密教繁複的尊像、表徵及儀軌時，不再墮入迷惘之中。

因此，在編纂此書時，我們希望以修行、實用的立場出發，輔之以淺顯易懂的文字來編纂此書，希望它不僅是一本實用的密法辭書，更是能幫助大家掌握修行名相正確義理的修行辭書。

本書蒐羅了密宗相關的重要名詞，特別解明宗派、法義名詞、修持法門、祖師大德、寺院、重要經典等，可以說是從剛開始學習密法，一直到圓滿成就都用得到的密宗名詞。我們將這些名詞大致分為六類：

一、密宗的宗派：這是關於密宗宗派的整體認識的名詞，如：「東密」、「台密」、「金剛乘」、「密宗」等名詞即屬此類。

二、密宗的法義：這個部份包含了密法的基本法義及東密、藏密的法文「三根本」、「手印」、「五大」、「壇城」、「神示」、「真言」、「金剛界曼陀羅」、「明妃」、「灌頂」等密法之法義名詞。

三、密宗的修持法門：此類為與法門相關的名詞：如：「十八道」、「阿字觀」、「拙火」、「中陰救度法」「大手印」、「大圓滿」等名詞皆屬此類。此類名詞除了對修行的法門加以綜攝，對其中的修行次第也有清楚的解說，使大家在閱讀到相關名詞時，能更精確的掌握修行的方法及修學次第，在修行上迅速增加。

四、密宗的祖師大德：此類介紹密宗的祖師大德，包括印度、中國、日本與西藏的密教祖師大德，如「龍樹」、「一行」、「空海」、「蓮華生」、「阿底峽」、「密勒日巴」等重要的祖師，透過認識祖師大德的行徑，以祖師大德為典範依止，幫助我們掌握密法真修實證的精神。

五、密宗的寺院：此類介紹密宗的重要寺院，包含：中國的重要密宗寺院：青龍寺、雍和宮，日本的密宗大本山：高野山、比叡山，西藏的桑耶寺、布達拉宮等著名的寺院。

六、密宗的重要經典：這是介紹一些密宗的重要經典，如《大日經》、《金剛頂經》、《蘇悉地經》、《喜金剛本續》、《甘珠爾》、《丹珠爾》等經典。讓我們透過經典清楚了知密法的精要，掌握學習密法的路徑。

以上六種分類，大致上已經將密法的重要名詞綜攝於此，這些都是修學密法者應了知且有用的名詞。此外，本書末並附上本書名詞索引總表，以筆劃排序方便讀者查閱。無論是剛開始接觸密法的朋友們，還是長久修學密法的朋友，希望本書都能陪伴著大家，在學習密法的道路上，圓滿吉祥！

第一章 密宗的宗派

密宗

◆以修持密法為主的宗派

密宗或稱瑜伽密教，是中國佛教中的一個宗派。由於此宗依理事觀行，修習身體、語言、心意三密瑜伽（相應）而獲得成就，所以名爲密宗，或名瑜伽密教。

從原始佛教開始，佛教中便有眞言密教的存在。但是這些眞言密教，多只是單純的修習各種眞言密咒，並沒有完成具有組織的密法修證體系。因此密法只是潛存在經典或成爲日生活中的持誦、醫療、防護的用途，還沒有成爲獨立的眞言密教。

此時的密法多屬於雜部的密法，與佛教的根本教義，並沒有太大的關聯，僅是爲了護持擁護佛教的修行者，使他們排除各種障難，所附帶的密咒修法而已。

但是這些密法，在佛教的發展中，融攝佛法的根本要義，而成爲具足佛教修證內義的法門，逐漸的在佛教中開展。而且在大乘佛教的發展中，成爲一股大流，並形成體系龐大的眞言密教。

大約在公元六世紀左右，印度的佛教產生了極大的變化，而密教也在這時期匯爲佛教的主流。使得大乘佛教不管在思想、實踐方面都產生了急遽的變化，這樣的變化雖然還是佛法之流，但仍然改變了佛教的外貌。

密教輸入中國及其流傳演變的過程，可分爲三期：

初期爲印度古密教傳入時期，在中國弘化純粹密教，乃至蔚然建立宗派的，實始於金剛智、善無畏等傳入的瑜伽密教。

第二期是印度純粹的瑜伽密教傳入，也就是中國密宗正式建立時期。由於善無畏、金剛智的弘傳，再加上不空的弘佈，於是形成了中國佛教中以修持密法爲主的一個宗派——密宗。

日本僧人空海（西元八○四）來到中國，隨從惠果受兩部大法及諸尊瑜伽教法，後來返回日本開始弘傳瑜伽密教，成爲日本眞言宗的初祖，從此瑜伽密教廣大流行於日本，而漢地密宗教法則因爲會昌法難和五代變亂，使完整之金胎二部密法漸至消失，只殘留此一獨部法流行在後代禪僧之中，以及一些早晚課誦之眞言咒語。

第三期爲印度晚期密教輸入時期。在漢地約爲北宋初期，中印度沙門法天、天息災、北印度沙門施護等先後到中國長駐譯經院。

在中國西藏地區，由於與印度次大陸接壤的緣故，於前弘期中即已從印度輸入一般的密教，到後弘期中更輸入金剛乘密教，並獲得廣泛流行。

純密

◆以《大日經》、《金剛頂經》為主的密教

西元七世紀後半，印度佛教進入全盛期，已有經有教、有軌有儀，眞正密教方始開展，以眞言、陀羅尼爲中心而增益大乘佛教哲學，以奠定其基礎。此爲純正密教，簡稱爲純密，純密以《大日經》、《金剛頂經》爲主。

在七世紀後半時，成立於中印度之《大日經》，將雜密經典所說諸尊以大日如來爲中心，集大成而成胎藏界曼荼羅。其理論可能承自《華嚴經》之說法，主張在現實之事相上，直觀宇宙眞相。

《金剛頂經》成立稍晚，流行於南印度，係傳自佛教瑜伽派之說，以心識爲中心而言五相成身（在心身中具備五相與本尊同一之觀法）。以此二經典爲代表之純密，在印度不久即告消滅。八世紀時，純密由善無畏傳至中國，後再傳至日本成爲眞言宗。

雜密

◆以現世利益為主要目的，而尚未發展修法的陀羅尼經典的密教

雜密是雜部密教的略稱，空海的《三學錄》是最早記載「雜部」不屬於《大日經》系、《金剛頂經》系的密教文獻。該書將全部的經典分爲經、梵字眞言讚、律、論等四類；其中，經的部門分爲金剛頂宗經、胎藏宗經、雜部眞言經等三類。所以此處的「雜部」，應是雜密的起源，但是其意義只是指「其他」的密教，其中並不包含價值判斷。

一般而言，將以現世利益爲主要目的，而修法尚未發展的陀羅尼經典，統稱爲「雜密」。

金剛乘

◆其教法堅利如金剛

一般所指的金剛乘（梵Vajra-yāna），爲密教的異稱，其意爲金剛不壞之乘；又稱爲金剛一乘、金剛一乘甚深教、金剛一乘最極秘密教、金剛智慧一乘教、最上金剛秘密乘教。對其他之大小乘而言，密教認爲自教最爲殊勝，其教法堅利如金剛，所以特稱爲金剛乘。

金剛乘於日本係指純密，於印度及歐人之間則慣指左道密教，英文爲 Tantric Buddhism。廣義之金剛乘分爲二派：㈠右派：以《大日經》爲主，即指純密。以三密相應之修法透過眞言、手印與作觀想成就佛樂，並依此教法成熟衆生與器世間，此派又稱爲眞言乘（梵 Mantrayana），自我國傳至日本，成爲眞言宗，稱爲唐密或東密。㈡左派：以《金剛頂經》爲主，發展成較具實際趨向的密教，由蓮花生大士傳至西藏，形成了藏密的重要體係。

東密

◆日本真言宗流傳的密教

東密又稱東寺流，相對於天台宗之「台密」的對稱。指由空海傳至日本，以東寺為根本道場的日本眞言宗。

「東密」之名，初見於《元亨釋書》。宗祖空海（西元七七四～八三五），延曆二十三年（西元八〇四）入唐，從長安青龍寺惠果受正統密教之法。大同元年（西元八〇六）歸返日本。弘仁十四年（西元八二三），受賜東寺，東寺遂成為日本眞言密教之根本道場。

空海之後傳眞雅、眞然，源仁；源仁再傳益信、聖寶。益信之門下有寬平法皇（宇多天皇）、寬空、寬朝，稱為廣澤流；聖寶之門下有仁海，稱為小野流，兩者合稱為東密二流、野澤二流。

其後，廣澤流又產生仁和寺御流、西院流、保壽院流、華嚴院流、忍辱山流、傳法院流等六流；小野流則分出三寶院流、理性院流、金剛王院流、安祥寺流、勸修寺流、隨心院流等六流，合稱爲東密十二流、野澤十二流、根本十二流。

此外，另有高野山之中院、持明院。至後世，小野流又有二十流，廣澤流則又產生四流，故稱東密三十六流。其後又衍生出許多分流支派，而有野澤七十餘流之說；然一般以三十六流爲主。

台密

◆日本天台宗流傳的密教

有別於空海所傳的東寺密教眞言宗的東密，所以稱爲台密。日本天台宗係承受台、密、禪、律四宗思想而成，其中除了天台本宗之宗義外，以發展密教爲最可觀。

主要源於天台宗的最澄、圓仁及圓珍所傳，以比叡山的延曆寺及園城寺爲中心，後由五大院安然集其大成。

按東密主張大日眞言勝過天台法華。以大日如來法身說教爲密教，以釋迦牟尼佛應身說教爲顯教，認爲二者有別。僅重視金剛、胎藏兩部大法，並以金剛界爲果曼荼羅。

台密則相對於此，主張「圓密一致」，調和《大日經》、《法華經》兩部經典，以遮那、止觀兩業雙輪爲理想。認爲大日如來與釋迦牟尼佛二者同體。且於金胎兩部灌頂外，又別立蘇悉地之合灌頂，重視三部大法，並判金剛界為因曼荼羅。

根據史書的記載，延曆二十三年（西元八〇四，唐．貞元二十年），傳教大師最澄來到中國，隨從天台宗道邃、行滿學習天台教義外，並隨學靈巖寺順曉，接受三部大法及印契等。返回日本後，特以止觀（天台）、遮那（密教）兩業為修學課程，主張「圓密一致」。其《山家學生式》中即謂：「顯密雖異，大道無異，故於一山置遮那、止觀兩宗。」此為日本天台密教之濫觴。

其後，承和五年（西元八三八），慈覺大師圓仁亦入唐，隨全雅受密灌，就元政、義眞、法全等人學《毗盧遮那經》中的眞言、印契及蘇悉地法。返回日本後，著有《金剛頂經疏》，主張台密一致中有一分差別，提倡理密事密、理同事別的論說，認為大日如來、釋迦牟尼佛就理而言，二者一體；就事而言，各有差別。

仁壽三年（西元八五三），又有智證大師圓珍入唐求法，隨般若怛羅學習兩部密印，從法全受兩部曼荼羅及蘇悉地大法。後就圓仁的「理同事別」，闡揚「顯劣密勝」的思想。

上述三者即台密法流的根源。最澄之後稱為根本大師流，圓仁之後稱為慈覺大師流，圓珍之後稱為智證大師流，一般統稱根本三流或台密三流。其中，圓仁的弟子五大院安然大師，通達顯密、梵漢，研究台密教相，而提倡「理同事勝」的論說，成為台密判教的集大成者。

台密主要依據的經典為《大日經》七卷、《蘇悉地羯囉經》三卷、《金剛頂經》三卷、《菩提場所說一字頂輪王經》五卷及《瑜祇經》二卷，並稱五部祕經。另外，又以一行的《大日經義釋》、圓仁的《金剛頂經疏》、《蘇悉地經疏》、圓珍的《菩提場經略義釋》及安然的《瑜祇經行法記》等作為根本經疏，稱五大疏。

寧瑪派

◆西藏古老的教派，俗稱「紅教」

寧瑪派（藏Ñin-ma-pa）藏語「寧瑪」意譯爲「舊」。寧瑪派爲西藏佛教中的一派。以此派僧人皆戴紅帽，所以俗稱「紅教」，或「紅帽派」。

就古義而言，這一派自詡他們的教法是從八世紀來到西藏的蓮華生傳下來的，比西藏其他各教派早三百年左右，所以是古老的一派。

就舊義而言，這一派自稱以傳承吐蕃時期所譯的密教典籍爲主，不同於佛教後弘期的仁欽桑波等人所譯的新派密教經典。它是最早傳入西藏的密教並吸收西藏苯教的一些內容而形成的一個教派。

八世紀，密教雖然已傳入西藏，但由於密教傳法通常是師徒間祕密單傳的方式，所以在翻譯經典、傳承教法等方面受到一定程度的限制，信徒不多。朗達瑪滅法時，鎮壓佛教、禁止印經、焚毀多數佛典、摧毀佛教寺廟組織，消滅它在吐蕃統治階層中的政治勢力和它在社會上的影響。然而密教並未遭到像顯教所遭到的那種毀滅性的打擊，這以後，密教仍能在教徒個人家中父子、兄弟、叔侄相傳而承繼下來。

在九世紀後半期到十世紀初期，密法都是由家族關係傳承下來，由於社會上的影響，摻雜了許多苯教的東西，這也和十一世紀新傳的密法有所區別。所以寧瑪派不像後來興起的其他教派那樣，有固定的寺院、龐大的僧侶組織、成系統的教義等。直到十一世紀中期，才有所謂寧瑪派的重要代表人物，素爾家族的祖孫三代「三素爾」的出現，他們整理經典、建立寺院，開展比較有規模的活動，可以說從這時候開始，才眞正形成了寧瑪派。

西藏前弘期所弘傳的佛教，對後弘期所傳的佛教而言，後者爲新，前者爲「舊」。但從佛教內容來說，前後兩期所弘傳的顯教並沒有分別，只是密教方面有所不同，所以「寧瑪派」就是指前弘期所弘傳的密教。

西藏佛教初興於唐朝初年藏王松贊岡布時代，到赤松德贊時代，先請靜命論師講說十善、十八界等教義，傳授八關齋戒；後又請蓮華生來藏，建桑耶寺；又請密宗的法稱、無垢友、佛密、靜藏等，來藏弘法。

法稱依金剛界大曼荼羅傳授灌頂，弘傳瑜伽部密法；佛密傳授事部與行部的密法。這三部密法與後弘期所傳的沒有區別。只有無垢友弘傳的幻變密藏和心部等密法，蓮花生弘傳的金剛橛法、馬頭明王法、諸護神法，靜藏弘傳的文殊法，吽迦羅弘傳的眞實類法，默那羅乞多弘傳的集經等法，這些無上瑜伽部密法，才是寧瑪派特有的密法。

寧瑪派中，最重要的是大圓滿教授，分為三部：⑴心部，⑵隴部（或譯為自在部），⑶教授部。心部有十八部經，其中有五部是遍照護所傳，十三部是無垢友所傳。隴部是遍照護所傳。教授部分二：甚深寧提是無垢友所傳；空行寧提是蓮華生所傳。

寧瑪派的教授，有多種傳承，如：諸佛密意傳承、持明表示傳承、常人耳聞傳承。又有受命者授記傳承、有緣者埋藏傳承、發願者印付傳承。現在根據一般的記載，談談寧瑪派的三種傳承：⑴遠者經典傳承，⑵近者埋藏傳承，⑶甚深淨境傳承。

寧瑪派把一代佛法，判為九乘：⑴聲聞乘，⑵獨覺乘，⑶菩薩乘，⑷事部，⑸行部，⑹瑜伽部，⑺生起大瑜伽，⑻教阿耨瑜伽，⑼大圓滿阿底瑜伽。說⑴、⑵、⑶屬於顯教，是化身佛釋迦牟尼所說，稱為共三乘；⑷、⑸、⑹屬於密教，是報身佛金剛薩埵所說，稱為密咒外三乘；⑺、⑻、⑼是法身佛普賢所說，稱為無上內三乘。

又分密教為外續部和內續部兩類，說外續部（即事、行、瑜伽三部）的事部是釋迦牟尼佛說，行部和瑜伽部是毗盧遮那佛說，內無上續是金剛持說。又說無上乘法是法身普賢如來現起圓滿報身為地上菩薩永不間斷地自然說出，所以這個法門沒有限量也沒有數量，傳播於人間的，只是由極喜金剛等得大成就者所弘傳的一小部份而已。

寧瑪派的根本密典，有十八部怛特羅：⑴《大圓滿菩提心遍作王》，⑵《金剛莊嚴續教密意集》，⑶《一切如來大密藏猛電輪續》，⑷《一切如來遍集明經瑜伽成就續》，⑸《勝密藏決定》，⑹《釋續幻網密續》，⑺《決定祕密眞實性》，⑻《聖方便統索蓮華鬘》，⑼《幻網天女續》，⑽《祕密藏續》，⑾《文殊輪祕密續》，⑿《後續》，⒀《勝馬遊戲續》，⒁《大悲遊戲續》，⒂《甘露》，⒃《空行母焰然續》，⒄《猛咺集金剛根本續》，⒅《世間供讚修行根本續》（這十八部現存藏文《大藏經》祕密部中）。

但寧瑪派通常所奉行的只有八部，即⑴文殊身，⑵蓮花語，⑶眞實意，⑷甘露功德，⑸橛事業（前五項叫做五部出世法），⑹差遣非人，⑺猛咒咒詛，⑻世間供讚（這三部屬於世間法）。其中文殊身就是毗盧部，蓮花語就是彌陀部，眞實意就是不動部，甘露功德就是寶生部，橛事業就是不空成就部；差遣非人等世間三部，是蓮華生降伏鬼神，使其保護正法，所以有人說它是西藏法。

格魯派

◆即黃派，為宗喀巴所創的教派

格魯派（藏Dge-lugs-p）西藏佛教宗派之一。又名甘丹派，俗稱黃教，又稱黃帽派、黃教、新噶當派、新教，爲宗喀巴所創。因爲宗喀巴創建甘丹寺後，晚年長住這個寺中，所以就稱這一派爲甘丹派。在藏文習慣上，「甘丹寺」一詞可略爲「迦魯」，一般人習稱之爲「格魯」，於是又可稱爲「格魯派」了。

西藏後弘期佛教中的盧梅大師，在臨赴西藏時，拉勤貢巴饒塞將自己曾經戴過的一頂黃帽贈送給他，並且囑咐說：「汝戴此帽，可憶念我。」由於這個因緣，後來持律的大德們，都戴黃帽。當宗喀巴出世弘化時，藏地戒法久衰，就依古代持律大德的密意，也用黃色的帽子，作爲戒法重興的象徵，並且成爲一家的標幟，所以此派亦稱黃帽派。

此派吸收噶當派的教義，並主張僧侶們必須嚴守戒律。提倡顯、密二宗並重，強調顯密兼修和先顯後密的修行次第。以中觀哲學與《現觀莊嚴論》爲教義根本。

在傳承方面則採用活佛轉世制度。達賴與班禪，爲兩大活佛，一主前藏，一主後藏。分地區弘法。其後受清廷擁戴，成爲西藏地方的執政教派，達賴喇嘛也成爲西藏的政治與宗教領袖。

此派的根本道場有甘丹寺、哲蚌寺、色拉寺、札什倫布寺、布達拉宮等。西元一九四九年西藏暴動之後，達賴十四世及其支持者流亡到印度達姆沙拉，此派的重心乃轉至印度。然而在中國，班禪十世則被中共政權扶持爲此派的宗教代言人。西元一九八九年，班禪逝世，其轉世靈童因中國當局與達賴喇嘛各自認定不同，後由中國官方認定的第十一世靈童座床，而達賴喇嘛所認定的靈童，自西元一九九五年後下落不明。

格魯派的創始人宗喀巴，元·至正十七年（西元一三五七）誕生於青海宗喀地方。三歲受近事戒，八歲受沙彌戒，十六歲到藏，受比丘戒。自此以後，廣參名師，博學多聞，對於性相顯密諸部經典，都能如實通達。他不但通達內明、因明，而且對於聲明、醫方明等亦善了知。

宗喀巴所傳的格魯派，成爲西藏佛教的正統派，並漸次由西藏傳播到西康、甘肅、青海、蒙古等地。

格魯派的教義，認爲釋迦如來的一代正法，不外教、證兩種，而一切「教」的正法，又攝在經、律、論三藏之中；一切「證」的正法，攝在戒、定、慧三學之中。因此，三藏未可偏廢，三學亦須全修。當時西藏有些佛教徒，頗不注重廣學，甚至譏誹三藏多聞者爲分別師或戲論者，以爲修學一種簡略的法門，便能夠得到解脫。

格魯派力主對於經藏多聞深思，認眞修習大小乘的三學上；也努力聞思律藏，以成辦戒定二學；也聞思修習論藏，在如實通達諸法性相後，成辦慧學。它把大乘三藏中所說的「菩提心」和「六度行」，作爲從聞思修，入境行果的綱要。

噶舉派

◆即白教，重視師徒的口耳相傳

噶舉派（藏Dkar-brgyud、Bkah-brgyud）俗稱白教，爲馬爾巴所創，是西藏地區的主要佛教宗派之一。又譯爲迦舉派，俗稱白教。

噶舉派的派名有兩種寫法，一種是噶爾舉（Dkar-brgyud）；一種是噶舉（Bkaḥ- brgyud）。噶爾舉，譯爲「白傳」；噶舉，譯爲「口傳」。由於這一派的祖師瑪爾巴、密勒日巴等人在修法時都穿著白布僧裙。當時，凡是修持這種法的人，都依照印度習慣穿著白僧裙，因此有白教的稱呼。後來也有人把這一教派的傳承，叫爲白傳。但是，比較通用的是「噶舉」。

由於這一派特別著重密法的修習，而這些密法的修習又全靠師長口授，因此他們就特別重視師徒口耳相傳的密訣。這一派從最初起就有兩個傳承。一個開始於瓊波南交（Khyung-po rnal- 'byor；1086～?），名爲香巴噶舉（Shangs- pa bka'-

brgyud）；另一個是由馬爾巴傳下來的，名爲塔波噶舉（Dvags-po bka'-brgyud）。這兩派的密法，都來自印度，他們在印度的傳承是同源的。傳到西藏以後，他們傳播的地區不同，規模勢力也有懸殊。香巴噶舉到十四、十五世紀已勢微。而塔波噶舉則有一些支派一直流傳到現在。

香巴噶舉的創始若是瓊波南交，瓊波（Khyung-po）是他的族名，南交（Rnal-'byor）是瑜伽行者的意思，合起來是瓊波族的瑜伽行者，這不是他的本來名字，只是一個稱號。此人十歲（西元一〇九五）習梵藏文字，十三歲（西元一〇九八）從一苯教師學習苯法，後來又更改學習寧瑪派的大圓滿法，他都不能滿意。因此帶了不少金子到尼泊爾跟從世慧（Vasumati）進修梵文，並學習密法。此後，他到了印度，從彌勒巴、尼古瑪（Ni-gu-ma）等多人學習密法。回藏後，從朗日塘巴（噶丹派博多哇弟子）受比丘戒。曾在前藏盆域（'Phan-rul，拉薩以北）建寺，後來又到後藏的香地方（Shangs）去，相傳他在那裏三年之間建立了一〇八個寺，有很多弟子。這一派在香地方有很大勢力，所以稱香巴噶舉。後來，他的後輩建立了葭寺（'Jag）和桑定寺（Bsam-sdings），以這兩個寺爲據點形成了這一派的兩個支派。

十五世紀時以建鐵索橋著名的蕩通借波（Thang-stong rgyal-po 1385～1464）是屬這一派的僧人。在十四、十五世紀時，宗喀巴與凱朱結師徒二人都曾先後向香巴噶舉的僧人學法，此後這一派就泯沒無聞了。

塔波噶舉，創始於塔波拉結（Dvags-po lha-rje）（塔波拉結也就是岡波巴），而淵源於馬爾巴、密勒日巴。馬爾巴（Mar-pa 1012～1097），本名卻吉羅追（Chos-kyi blo-gros），出生於洛扎（Lho-brag，在前藏南部）的一個富足人家。年十五（西元一○二六）往卓彌譯師處（卓彌譯師當時在女古壟寺，寺在薩迦寺附近），由於卓彌傳密法必索多金，馬爾巴僅從他學梵文，以便自往印度學法。他前後曾去印度三次，去尼泊爾四次。他在印度的師傅有不少人，而主要的是那饒巴（Na-ro-pa）、彌勒巴（Maitripa）、智藏（Jna^nagarbha）等人，從他們學到喜金剛、大印等法。回藏後，在洛扎地方的卓窩壟（Gro-bo-lung）定居授徒。他一生並未出家，除授徒外，還從事經商、種田。在他的弟子中，最著名的有四個人：⑴梅敦村波索南堅贊（Mes-ston tshon-po bsod-nams rgyal- mtshan）、⑵粗敦旺額（Mtshur-ston dbang-nge）、⑶翱敦卻古多吉（Rngog-ston chos-sku rdo-rje：1036～1102）、

⑷密勒日巴（Mi-la ras-pa）。前三人傳授由馬爾巴傳來的《勝樂》、《喜金剛》、《四座》、《大幻》等密教經典的講解闡釋，其中以粗、翺兩人當時較爲著名，後輩傳承也較爲悠久。

密勒日巴則傳承馬爾巴的修法。從他又傳到弟子塔波拉結，才形成塔波噶舉派。主要學說是月稱派的中觀見，最重視大手印傳承。其支派有達波噶舉、噶瑪噶舉、竹巴噶舉、止貢噶舉等支派。

其中，噶瑪噶舉派爲系統最多，傳播最廣的一派，主要寺院有墨竹工卡的止貢寺與四川德格的八蚌寺等。民初以來，此派在漢地弘法的名師有貢噶活佛等人。現今更在法國獲得承認宗教地位，因而設立許多的法輪中心。又由於張澄基譯出此派名著《密勒日巴全集》等書，及噶瑪噶舉多位仁波切曾來台灣傳法，因此二十世紀末期在台灣的弘法活動頗爲頻繁。

薩迦派

◆以教授道果為主的教派

薩迦派（藏Sa-skya-pa）俗稱「花教」，中國西藏佛教中的一個宗派。「薩迦」是寺名，意爲「白土」，因在白色土地上建立寺廟故名。爲在家居士貢卻傑布（Hkhon dkon-mchog-rgyal-po）所創。教主傳承採家族世襲制，爲氏族教團的典型。至五祖八思巴時獲元世祖封爲帝師，執掌西藏政教大權。在元朝末年，其地位由噶舉派所取代，僅保有薩迦一地的控制權。此派特別崇尚道果教授。全盛時在蒙古、西康、西藏等地皆有寺院。爾後寺院相繼沒落，只有著名的四川德格貢欽寺留存。

本派的主要教授爲道果教授，以修持喜金剛二次第道及其支分（密宗方面）爲主，同時也有一切共道修法（顯教方面）。道果教授有十八派之多，最主要的是薩迦派。

薩迦派的祖先原是西藏的貴族，藏王墀松得贊的大臣昆拔窩伽的第三子昆龍王護，他是西藏最初出家的七人之一。他的第四子侍壽的兒子金剛寶，數傳至釋迦慧。釋迦慧有二子，長子慧戒，出家淨修梵行。次子寶王（西元一〇三四～一一〇二），通達顯密教法，也熟知風鑒等世間術數。曾從卓彌譯師學習新譯的密法。又從廓枯巴拉則譯師、迦濕彌羅國杭都伽薄論師、瑪寶勝譯師、津巴譯師等學習一切顯密教法。四十歲時，在奔波山建立寺院，以後逐漸形成爲薩迦派。

薩迦派諸師的見解不盡相同，如薩班、絨敦等很多人是中觀自續派的見解，惹達瓦童慧則是中觀應成派見解，釋迦勝起初是中觀見解，中間變爲唯識見解，後來轉成覺曩派的他空見解。其餘也有執持大圓滿見解的。但是薩迦派的教法有三個次第，就是「最初捨非福，中斷於我執，後除一切見，知此爲智者」。即是獨特的道果教授見解。

噶當派

◆以阿底峽為開山祖的教派

噶當（藏Bkah-gdams），又作甘丹派、迦派、教敕派。藏語Bkah「噶」指佛語，gdams「當」指教授，爲西藏佛教新派中之一。以阿底峽爲開山祖。爲種敦巴（Ḥbrom-ston）奠基，其理論與實踐基礎係來自阿底峽的《菩提道燈論》。

由朴穹瓦童幢、博朵瓦寶明、謹哦瓦戒然三兄弟弘揚光大，由朗日塘巴、霞惹瓦和賈盂瓦果繼續傳而發展起來。

主張以顯宗爲主，但不排斥密宗。修習次第強調先顯後密。在教理方面，認爲「一切佛經都是教授」，主張綜合傳一切大乘佛法。然而世所共知的，噶當派當中也分列爲教典、教授、教誡三派。

其後此派併入格魯派。根本道場爲熱振寺。

第二章 密宗的法義名詞

五大

◆指地、水、火、風、空五大元素

五大是構成萬物的五種元素：即地、水、火、風、空。地大：顯現堅固、不動特性的實體。水大：顯現清涼、流動的特性。火大：顯現熾熱、昇騰特性的能量。風大：顯現移動、轉移的動力。空大：顯現空虛、無限的含容力。

五大又稱五大種，意爲五種主要元素。在印度，大種作四類，或作五類、六類。俱舍宗、唯識宗等概用四大的說法；而密教則專用五大或六大說，以其爲萬象的本源，顯現其形像則爲大日如來的三昧耶形——五輪塔。五大中的地大、水大是金剛、胎藏兩界的總德，種子字爲「阿」𑖀（a）與「鍐」𑖪𑖽（vaṃ），形狀各爲方形與圓形，其顏色各爲黃色與白色。

火大、風大是兩界的別德，種子是「囉」𑖨𑖽（raṃ）與「訶」𑖮𑖽（haṃ），其形狀各用三角與半月，即本體的半形，顯色各是赤色與黑色。

空大是理智不二位，種子是由「阿」與「鍐」合成的「佉」𑖏𑖽（khaṃ）字，形狀呈寶珠形，顏色是青色，形、色皆取兩者的中間，以表不二門。

構成萬物的五種元素，以五輪塔顯示

五色

◆青、黃、赤、白、黑

五色指青、黃、赤、白、黑五種正色（基本色）。又名五正色、五大色。《四分律行事鈔資持記》卷下記載：「言上色者，總五方正間，青黃赤白黑五方正色也，緋紅紫綠磂黃五方間色也。」因屬華美色彩，常被用於莊嚴各種圖像，如極樂淨土之顏色、千手觀音手持物中之五色雲等。

但戒律禁止以此五正色爲袈裟之染色。又，經典中提及佛之五色光時，也有說青、黃、赤、白、紅，或青、黃、赤、白、綠等不同的「五色」。

密教則專用青、黃、赤、白、黑五色，並常與五佛、五智、五根、五方、五轉、五字、五大、五形等配合。

五佛

◆指密教中以大日如來為首的五尊佛

五佛又名五智如來、五智佛、五方佛、五聖，或稱五禪定佛（pañca dhyāni-buddhāḥ）。指密教中以大日如來爲首的五尊佛，有金剛界五佛與胎藏界五佛的分別。

金剛界五佛，即毗盧遮那佛（Vairocana）、阿閦佛（Akṣobhya）、寶生佛（Ratna saṃbhava）、阿彌陀佛（Amitabha）、不空成就佛（Amogha-siddhi）。此五佛居於金剛界曼荼羅中央的五解脫輪。

其中，毗盧遮那佛身白色，結智拳印，位於中央。

阿閦佛身黃金色，左手握拳置於腰部，右手下垂觸地，位於東方。

寶生佛身金色，左手握拳安於臍部，右手向外結施願印，位於南方。

阿彌陀佛身亦金色，結三摩地印，位於西方。

不空成就佛身亦呈金色，左手作拳當臍，右手舒五指當胸，位於北方。

胎藏界五佛，即大日、寶幢、開敷華王、無量壽、天鼓雷音；亦即胎藏界曼荼羅中臺八葉院中的五佛。

其中，大日如來位於中央，身呈黃金色，結法界定印。

寶幢如來在東方，身呈赤白色，左手握拳安於虎部，右手結觸地印。

開敷華王如來在南方，身呈黃金色，結離垢三昧印。

無量壽如來在西方，身亦呈黃金色，結彌陀定印。

天鼓雷音如來在北方，身呈赤金色，爲入定之相。

金剛界五佛

五智

◆即法界體性智、大圓鏡智、平等性智、妙觀察智、成所作智

密教教義即於唯識家所說轉識得智之四智外，再加上法界體性智，稱爲五智。

此五智之特質，略如下述：

⑴法界體性智（dharmadhātu-viśuddhi-jñāna）：三密差別之數過於塵剎名爲「法界」，諸法所依故云「體」，法爾不壞故云「性」。轉第九識而獲得此智，爲世間出世間等之一切法體性智。如以五佛配屬，當屬中央大日如來。

⑵大圓鏡智（ādarśa-jñāna）：自他三密無有邊際，具足不缺名爲「大圓」；實智高懸萬像顯現喻爲「鏡」。轉第八識則可得此智，觀照一切法而現其影像之智。五佛之中，相當於東方阿閦如來。

⑶平等性智（samatā-jñāna）：清淨智水不揀擇情與非情，所以名「平」；彼此同如，故名「等」；常住不變，故名「性」。轉第七識可得此智，爲緣一切法平等

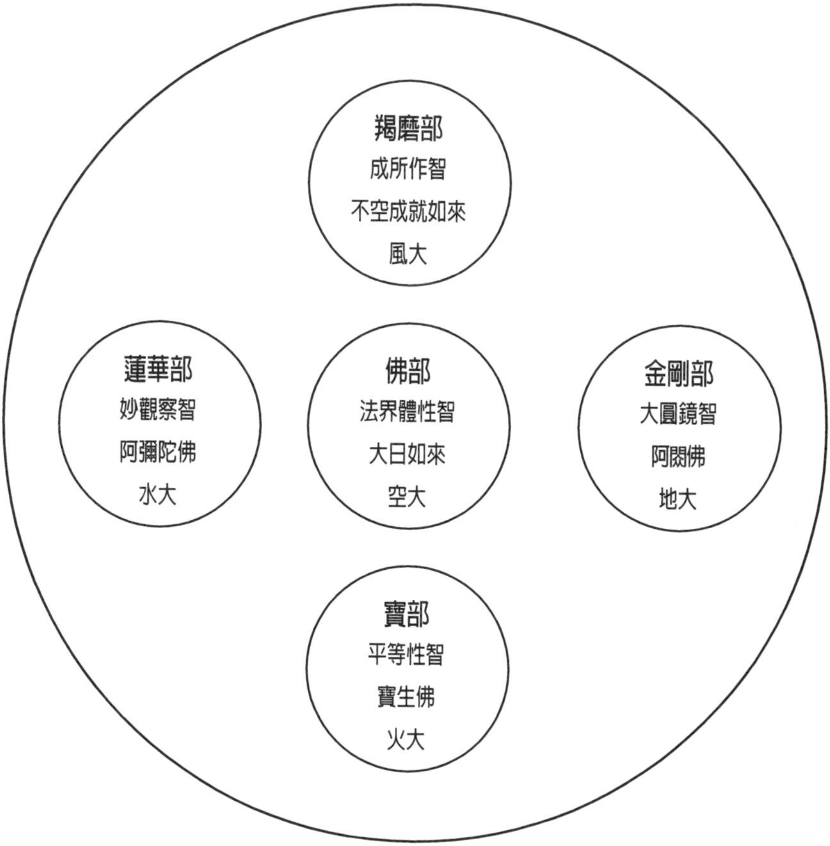
羯磨部
成所作智
不空成就如來
風大
蓮華部
妙觀察智
阿彌陀佛
水大
佛部
法界體性智
大日如來
空大
金剛部
大圓鏡智
阿閦佛
地大
寶部
平等性智
寶生佛
火大

五智與五佛的配屬

性，即眞如實相之智。相當於五佛中的南方寶生如來。

⑷妙觀察智（pratyavekṣaṇā-jñāna）：此係巧妙觀察諸法自在說法之智，如《祕藏記》所述。五眼高臨，邪正不誤，因以名之。轉第六識而得此智。相當於五佛中的阿彌陀如來。

⑸成所作智（kṛtyānuṣṭhāna-jñāna）：自證化他二利應作，所以爲「所作」；大悲隨類應同之妙業自在，必可成就，故名爲「成」。轉前五識得此智，而成化他事業之智。相當於五佛中的不空成就如來。

《祕藏記》謂，水性澄寂，顯現一切色相，喻大圓鏡智。一切萬像皆現於水，無高無下，平等無二，喻平等性智。一切色相差別於水中明了顯現，喻妙觀察智。以水之無所不遍，喻法界體性智。以一切有情或非有情皆依水而滋長，喻成所作智。

此五智有「別相」與「各具」二義，如前述配屬五佛係屬「別相」，「各具」是一切佛各具此五智。此爲密教特有的深旨。

若將五智配屬五大，則法界體性智爲諸法之體，相當於空大。大圓鏡智如明鏡印現萬象，相當於地大。平等性智係觀照彼此同如，相當於火大。妙觀察智能明辨邪正，相當於水大。成所作智成二利之妙業，相當於風大。

三部

◆指佛部、蓮華部、金剛部

三部指佛部、蓮華部、金剛部，分別表示佛的大定、大悲、大智三德。

依《祕藏記》記載，理智具足、覺道圓滿爲佛部。衆生自身中有淨菩提心、清淨之理，此理雖經六道四生之界，流轉生死泥中仍然不染不垢，猶如

三部	三德	部主	部母	三密	涅槃三德
佛部	大定	金剛佛頂	虛空眼	身	解脫
蓮華部	大悲	馬頭觀智	白衣觀音	語	法身
金剛部	大智	金剛手	忙麼雞	意	般若

蓮花出於污泥，所以名爲蓮華部。自心之理存有智，此智雖經無數劫沒於生死淤泥中，仍不朽不壞、能破諸煩惱，猶如金剛之能摧破諸堅固物，所以名爲金剛部。

三部的部母及部主各不相同。如佛部以金剛佛頂爲部主，虛空眼爲部母；蓮華部以馬頭觀音爲部主，伴陀羅縛字尼（即白衣觀音）爲部母；金剛部以金剛手爲部主，忙麼雞爲部母。若以三部配列涅槃三德，則佛部配解脫，蓮華部配法身，金剛部配般若。

五部

◆即佛部、蓮華部、金剛部、寶部、羯磨部

指密教金剛界曼荼羅的諸尊部：即佛部、金剛部、寶部、蓮花部、羯磨部。

若以胎藏界曼荼羅分別三部，則中院、遍知院、釋迦院、文殊院、五大院、虛空藏院及蘇悉地院屬於佛部，右方的觀音院、地藏院屬於蓮華部，左方的金剛手院、除蓋障院及周圍的外金剛部院爲金剛部。

而五部則是上述三部：佛部、蓮華部、金剛部再加上寶部與羯磨部而成五部。寶部是佛的萬德圓滿，成就的福德無邊，羯磨部則是佛陀悲智圓滿的作用，爲垂愍衆生成辦一切事業。

金剛九會的諸尊，可依此五部加以分類，即羯磨會的中台有五大月輪，有五佛坐在其上，中央的大日如來是佛部，東方的阿閦如來是金剛部，南方的寶生如來是寶部，西方的無量壽如來是蓮華部，北方的不空成就如來是羯磨部。

然而包含阿閦如來等四佛表大日如來的妙德，故五部亦是由佛部所開展，而且，雖有九會之別，但周圍的八會是顯示中央的羯磨會之妙德大用。

三身

◆指佛的三種身

佛的三種身。又稱三佛或三佛身。其名稱、種別在經論中有多種不同的說法。茲舉其中最主要者如下：

㈠法身、報身、應身：

這是古來被廣泛採用的三身名稱，論及諸種佛身義時，多用為標準。法身由眞如實相的理體所證顯，是諸佛內證眞如的理性所顯現的身，宛如無雲晴空沒有形象。

報身是酬報因位無量願行的相好莊嚴身，是受用廣大法樂的身；應身是應所化衆生之機感而化現的佛身，就如同映在千江上的水月一般，隨緣示現。以釋迦牟尼佛為例，王宮所生身是應身；有無勝莊嚴淨土的是報身；證得實相眞如之理，與此理無二無別、常住湛然的是法身。

不過諸經論的說明或深或淺，其義各有出入差異，不可一概而論。《金光明玄義》卷上說三身是三種法聚，理法集聚名爲法身，智法集聚名爲報身，功德法聚名爲應身。天親《法華論》所舉三種佛菩提與此三佛身相當，論中以佛性爲法身，修行顯佛性爲報身，化衆生者爲化身。《大乘起信論》所說大致相同。

慧遠《大乘義章》卷十九〈三佛義〉解釋三身的名義，說明法身佛者，就體彰名。「法」是所謂無始法性。此法是其衆生的體實，爲妄想所覆纏，於己並無作用。後來息止妄想，彼法顯現，便爲佛體。顯現法所成就的身，名爲法身。如同《勝鬘》所說，隱如來藏，顯成法身。法身體有覺照之義，名爲法身佛。（中略）報身佛者，酬因爲報，有作行德，本無今有，方便修生，修生之德，酬因名報，報德之體，名之爲身。又德積聚，亦名爲身，報身覺照，名之爲佛。（中略）應身佛者，感化爲因，感化之中，從喻名之。是義云何如似世間有人呼喚則回響答應，這也是如此，衆生機感，義如呼喚。如來示化事同響應，故名爲應。應德之體，名之爲身。

㈡自性身（又名法身）、受用身、變化身：這也是古來廣用的一說。

自性身是如來內證的眞如理體，也是受用、變化二身之所依。受用身是受用廣大法樂的佛身，分自受用身、他受用身二種。自受用身是如來自受用法樂之身；他受用身是爲初地以上菩薩轉示現，令受用法樂之身。變化身是爲未登地菩薩與聲聞、緣覺二乘凡夫示現無量隨類教化之身，就如同顯現在法身虛空的日輪、月輪一樣。此種三身分受用身爲自、他，因此也可稱作四身。

其中，自性身是法身，受用身是報身，變化身是應身。或者也可說自受用身是報身，他受用身是應身，因他受用身是應菩薩之機緣感應所心現的佛身。此三身說法原出自於《佛地經》。

《佛地經論》卷七舉經中「自性法受用，變化差別轉」一句，加以論釋「自性法者，即是如來初自性身，體常不變，故名自性；力、無畏等諸功德法所依止，故亦名法身。受用即是次受用身，能令自他受用種種大法樂故。變化即是後變化身，爲欲利益安樂衆生，示現種種變化事故。體義、依義、衆德聚義，總名爲身。」

此三身以五法爲體，五法即清淨法界與大圓鏡智、平等性智、妙觀察智、成所作智等四智。一說謂前二法是自性身之體，次二法是受用身之體，最後一法是變化身之體。

㈢法身、應身、化身：

《金光明最勝王經》卷二〈三身分別品〉說，一切如來皆有法、應、化三身，並解釋此三身的意義：「如來昔在修行地中，爲一切衆生修種種法，如是修習至修行滿。修行力故，得大自在。自在力故，隨衆生意，隨衆生行，隨衆生界，悉皆了別，不待時，不過時，處相應，時相應，行相應，說法相應，現種種身，是名化身。（中略）諸如來爲諸菩薩得通達故，說於眞諦。爲令解了生死涅槃是一味故，爲除身見衆生怖畏歡喜故，爲無邊佛法而作本故，如實相應如如如如智，本願力故，是身得現。具三十二相，八十種好，項背圓光，是名應身。（中略）爲除諸煩惱等障，爲具諸善法故，唯有如如如如智，是名法身。前二種身是假名有，此第三身是眞實有，爲前二身而作根本。何以故？離法如如，離無分別智，一切諸佛無有別法，一切諸佛智慧具足，一切煩惱究竟滅盡，得清淨佛地。是故法如如如如智，攝一切佛法。」

慧遠《大乘義章》卷十九認爲此三身是合法身與報身爲一法身，再從應身開出化身，立應身與化身。應身如出現於印度的釋迦佛，化身指隨人天鬼畜等所化之類而現的非佛形身。

智顗《摩訶止觀》卷六之四認爲應身即報身，相當於法、報、應三身。應身即報身之說，是依《合部金光明經》卷一〈三身分別品〉：「智慧清淨，攝受應身」之意。《止觀輔行傳弘決》云「引金光明，亦證報身。（中略）境名法身，智名報身，境智相應，能起化用，名爲應身。準彼經意，應字平呼，智應於境，名爲應身，彼經即以報身爲應。」此外，《台宗二百題》卷八也有所詳論。

窺基《法苑義林章》卷七（本）說，法身即自性身，自受用身攝於其中，因爲自受用身是如來的功德。應身是他受用身及變化身中的佛身，化身相當於變化身中的隨類應同身。

三輪

◆指自性輪、正法輪、教令輪

三輪又稱爲三輪身，是指自性輪身，正法輪身和教令輪身三者，輪身是指摧碎衆生的煩惱力。所有諸佛陀無不現起此三輪的威力。

表現佛陀本來自性的佛體化益衆生，稱爲自性輪身；爲弘揚正法而示現的積極救度衆生，屬於正法輪身；爲救度剛強難化衆生而示現大忿怒相，是屬於教令輪身。

在兩部諸尊中，如大日、寶生、無量壽、天鼓雷音等如來，其相多爲寂滅相，指如來當體是爲自性輪身；如胎藏界曼荼羅中示現悲智的諸菩薩衆，是積極宣傳如來正法的垂跡示現，是爲正法輪身；又如金剛界曼荼羅的兩降會（降三世羯摩會及降三世三昧耶會）或是胎藏界曼荼羅中的五大明王，可說是教令輪身。

五輪

◆指頂輪、喉輪、心輪、臍輪、海底輪

「五輪」有一說法是指頂輪、面輪、胸輪、腹輪、膝輪：以此五輪表示有情的肉身。《大日經》卷七記載：「至誠恭敬一心住，五輪投地而作禮。」《大日經疏》卷十四說頂輪爲空大，面輪爲風大，胸輪爲火大，腹輪爲水大，膝輪爲地大。又，《釋迦文佛法》中說明五輪著地，稱額、二手、二膝爲五輪，並解釋神心迴轉故名爲輪。這是五輪塔的五輪。

另一說法是指頂輪、喉輪、心輪、臍輪、海底輪等五輪，頂輪是位於頭頂髮髻八指處，喉輪是頸部的中央，心輪是身體中央與兩乳間交會的位置，臍輪是肚臍的橫切線與身體中央交會的位置，海底輪是身體中央與臍下四指處交會的位置。

手印

◆行者修法時，手指所結的印契

手印即密教徒在修法時，雙手所作的特殊姿勢。手印（梵名mudrā，藏名phyag-rgya）音譯母陀羅、慕捺羅、母捺羅，或稱印契、契印、密印，或單稱「印」。

在密教，手印是指曼荼羅海會中的諸尊，爲了標示其所內證的三昧，或在因地中修行的人，爲了同入於佛菩薩諸尊的本誓，而與諸尊的身、口、意三密相應涉入之義，而於其手指上所結的密印。屬於三密中的身密。

密教以爲，凡夫雖然未斷除煩惱，但若能持本尊的密印，且其餘口意二密亦能相應，則可依三密加持而與本尊相涉入以成就瑜伽。

在《大日經》卷六〈本尊三昧品〉有深入的引申，謂印契可分成有形、無形二種，《大日經疏》卷二十釋云：「印形亦有二種，謂有形、無形也。形即是青黃赤白等色，方圓三角等形，屈伸坐立及所住處之類也。印謂所執印，即刀、輪、羂索、金剛杵之類也。初心別緣而觀，謂先觀畫尊等。約此而觀名爲有形。後漸淳純，又以加持力故自然而現，與心相應。爾時此本尊但從心現，不別外緣，故云無形也。」

此所謂有形、無形，即有相、無相之義。住於一相即名「有相」；具一切相，不只偏於一相，所謂舉手動足皆成密印之境界即名「無相」。

關於行者修法時，對手印應注意的事項，《大日經疏》卷十三引述善無畏三藏說法：「西方尤祕印法，作時又極恭敬。要在尊室之中及空靜清潔之處，當澡浴嚴身，若不能一一浴者，必須洗淨手，漱口，以塗香塗手等方得作也。又作時須正威儀，跏趺等坐。不爾得罪，令法不得速成。」此外，《青龍寺儀軌》亦謂，結印之際祈念諸佛加被，則可得悉地。

又結契印時不應於顯露處，比如《陀羅尼集經》卷一記載：「露處作印咒法者，爲惡鬼神之所得便。」又於像前作印，則應以袈裟或淨巾覆蓋。所以日本東密通常在袈裟下或法衣袖中結印，然台密則不然。

惟印契原屬威儀行事的姿勢，如「說法印」即以手勢幫助說明，「定印」則源

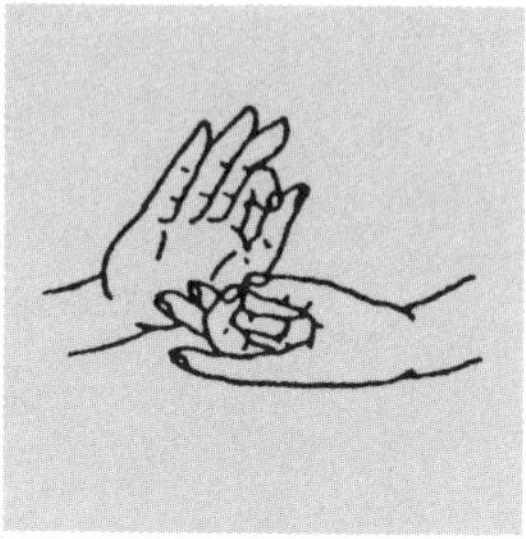

轉法輪印

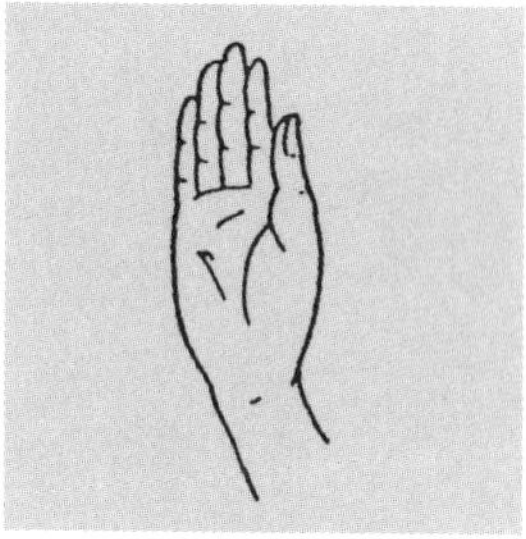

施無畏印

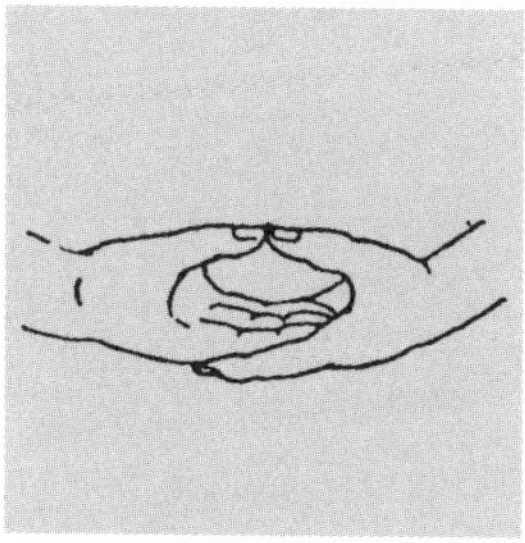

禪定印

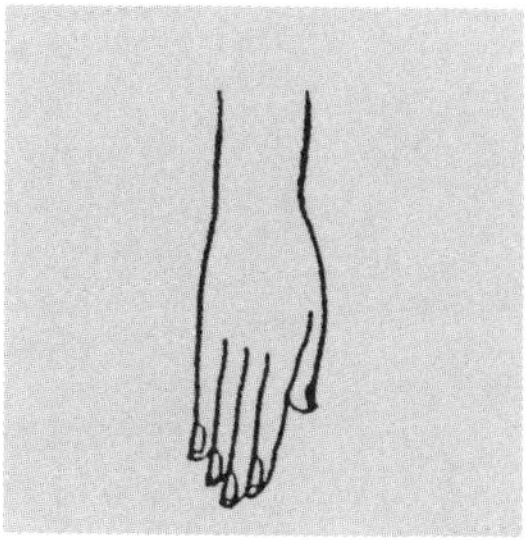

觸地印

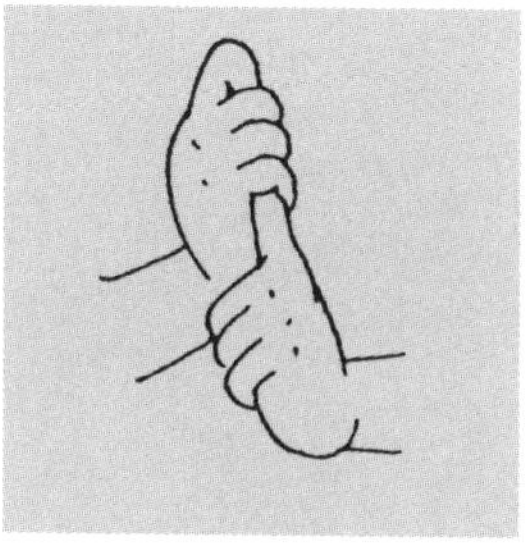

智拳印

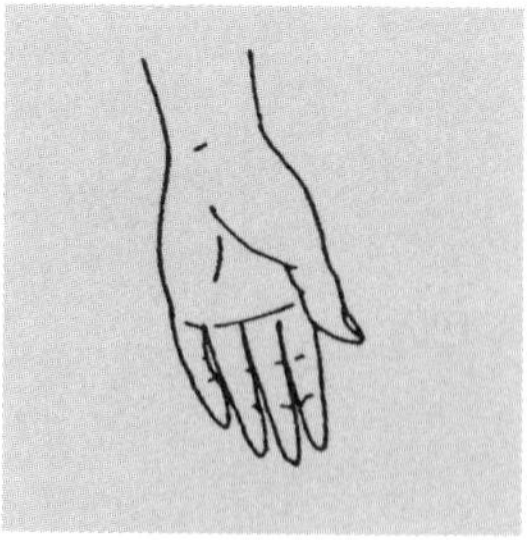

施願印

常見的手印

自將兩手共置於趺座上以便利安定心境；古時對此並無定制。然其後密教興起，乃擷取印度教之行事，而有印相之理論出現。

眞言

◆佛菩薩的修持與願力所產生的特別音聲

眞言是梵語mantra的漢譯。眞言的產生是先由每一尊佛菩薩特別的修持和特別的願力，再加上身心特別的狀況，自然而產生的特別音聲。這些音聲，婆羅門教特別執著，以爲聲是常的；而佛法認爲是如幻的緣起。

所以，雖然人類生命的體性基本發聲是這些，但若從空性中產生、從沒有障礙中產生、從緣起中產生，順著脈輪顯現，這才是眞正的咒語。

佛菩薩從初發心開始，發起了廣大的願力，直接的修證，在修證的過程中有著種種經驗，這些經驗功德累積，使其具足最圓滿的成就。這時他身心的脈結完全開啓，是完全柔軟的、完全光明的，他的心有特別的功德、願力。身也是完全的柔軟，這時他發出了一種語言，這語言是遍滿十方三世的聲音，代表他在這樣的因緣裡，心力特別的加持，集結起來就是咒語。

觀音菩薩的六字真言

咒語本身，我們一般只是音譯持誦而已，因爲他在這樣的因緣裡唱誦這樣的咒音，除了義理之外也蘊含了他身心的特殊作用，所以我們這樣模擬音聲是有原因的。

所以咒音愈接近原來的音聲是愈理想的。但若在唱誦咒音時能感受佛菩薩的願力、悲心的話，那麼眞言的力量當然更強。

種子字

◆密教諸尊的表徵

種子一詞，梵名bija，本來是借用草本種子爲比喻，具有字一自可生多字，多字賅攝於一字之意。所以種子一詞，含有引生攝持之意。例如合十字爲一句，如果第一個字爲種子字，則可依此而引生下面九字所具有的觀智，同時此九字的意義亦可攝入於一字。

一般而言，種子具有三種意義，即：

(1)了因義，譬如由煙而知道火的體性，即經由觀察種子字門而了知佛智。

(2)生因義，譬如由穀類等種子可生出根莖花果等；而由種子即可生出三昧耶形。

(3)本有義，意味字門即是諸法的根源，具足法爾本來的性德，而可作爲規範者。因爲具足以上三種意義，所以密教諸尊都以種子字來作爲表徵。

金剛界大日如來種子字

胎藏界大日如來種子字

藥師佛種子字

阿彌陀佛種子字

密教諸尊都以種子字作為表徵

三昧耶

◆表諸尊的根本誓願

三昧耶的梵語是samaya，與三摩耶、縒麼野、娑摩耶相同皆是此字的音譯名稱；其意譯爲時、衆會、一致、規則、教理。一般多作爲「時」、「一致（平等）」，而密教則常以平等、本誓爲其義。

密教中以三昧耶表示諸佛菩薩或諸尊的本誓（因位的誓願），具有平等、本誓、除障、驚覺等四義；即以佛與衆生的體性而言，二者是平等無二，無有差別的（即平等義），所以佛發願爲所有衆生開示悟入佛之知見（即本誓義），而衆生由於佛的加持，故能祛除煩惱障礙（即除障義），使衆生的迷惑心亦能隨之而覺悟（即驚覺義）。

而象徵佛、菩薩、諸天等的本誓的器杖、印契等物，稱之爲三昧耶形或三摩耶形或波羅蜜形。

用描繪三昧耶形以代表本尊形相的曼荼羅，則稱爲三昧耶曼荼羅，係四種曼荼羅之一。例如，寶塔是大日如來的三昧耶形，蓮華是觀音菩薩的三昧形，金剛寶劍爲文殊菩薩的三昧耶形。

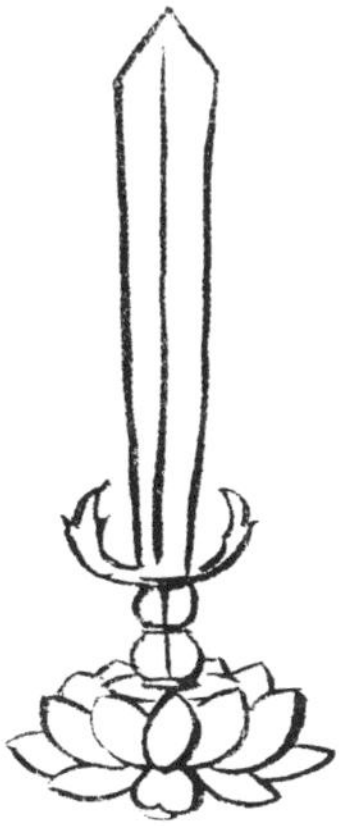

文殊菩薩的三昧耶形——寶劍

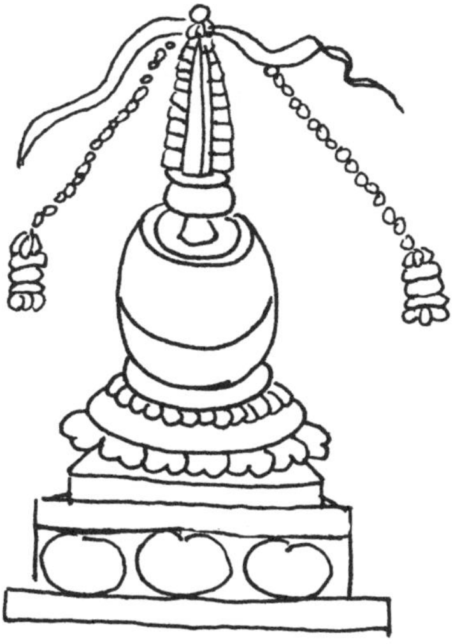

大日如來的三昧耶形——寶塔

壇城

◆即曼荼羅，以聚集或描繪佛菩薩的聖像於一處

壇城一般而言，是指將佛菩薩等尊像，或種子字、三昧耶形等，依一定方式加以配列的圖樣。或稱爲中圍、壇場、曼荼羅等。壇城是由梵語 maṇḍala曼荼羅而來，maṇḍa是「心髓」、「本質」的意思，la爲「得」所組成。

因此「曼荼羅」一詞即意謂「獲得本質」。所謂「獲得本質」，是指獲得佛之無上正等正覺。由於曼荼羅是眞理之表徵，猶如圓輪一般圓滿無缺，因此或有譯之爲「圓輪具足」的。

又由於曼荼羅也被認爲有「證悟的場所」、「道場」的意思，而道場是設壇以供如來、菩薩聚集的場所，因此，曼荼羅又有「壇」、「集合」的意義產生。所以聚集佛菩薩之聖像於一壇，或描繪諸尊於一處者，皆稱之爲曼荼羅、壇城。

壇城圖

胎藏界曼荼羅

◆根據《大日經》所圖繪而成

胎藏界曼荼羅（Garbha-dhātu-maṇḍala）的全名是大悲胎藏生曼荼羅，它是根據密教根本經典之一的《大日經》所圖繪而成的。

胎藏是指衆生的佛性藏於大日如來中，正如胎兒藏於母胎中一樣。因爲密教視宇宙爲智慧的本體，一切外境是心所顯現的，而將宇宙以曼荼羅來表示。

據西藏譯的《大日經》說：大悲胎藏曼荼羅是從佛的大悲願力，爲了化濟衆生而示現種種身相，爲種種有情宣說種種妙法，依種種衆生的根性，開出相應本誓的心，以此身口意三無盡莊嚴藏爲對境所圖繪的莊嚴形像，稱爲大悲胎藏生曼荼羅。

如此的解說方式，是以佛陀攝化衆生的「向下門」而言，如果從衆生修證的「向上門」來體解，則是一切衆生觀見此曼荼羅，依此修行，終能開悟自心的大悲菩提，所以稱爲大悲本所生。

胎藏界曼荼羅

因此大悲本所生曼荼羅，一方面是表示佛陀的大悲功德所發生的三密無盡莊嚴藏的妙行；另一面，則在行者心中體現佛陀的大悲三無盡莊嚴藏，所以亦稱為曼荼羅。

胎藏曼荼羅是根據《大日經》而圖繪的，《大日經》的中心意旨，就是「菩提心為因」、「大悲為根本」、「方便為究竟」三句。因此胎藏界曼荼羅的組織也就是以這三句的意理，而描繪出三重現圖曼荼羅。

一般來說，這三重曼荼羅是由十三大院所組成（實際上只有十二院），即：一為中台八葉院，二為遍知院，三為觀音院，四為金剛手院，五為持明院，六為釋迦院，七為文殊院，八為除蓋障院，九為地藏院，十為虛空藏院，十一為蘇悉地院，十二為外金剛部金剛部院。

中央：在圖中十二院，以中台八葉院為中心，上下左右各有諸院，中台有大日如來，八葉有四佛、四菩薩，表示大日如來的四智四行，總稱合為八葉九尊。然此八葉的蓮華代表菩提心，胎藏界以蓮華表「心」，是象徵眾生八瓣的肉團心，如同顯教所謂如來藏，密教的阿字本不生，是顯示一切眾生皆有佛性的，亦即是六大的總稱，是爲胎藏界曼荼羅的根本總體。

中台八葉院的東方爲遍知院，相應於六大中的識大，此院有七尊。

中台八葉院北方的觀音院以觀自在菩薩爲主尊，又稱爲蓮花部院，相當於妙觀察智。此院有三十七尊。

南方的金剛手院以金剛薩埵爲主尊，又稱爲薩埵院，相當於成所作智。此院有三十三尊。

下方持明院爲五大尊忿怒明王，是大日如來所現的教令輪身，稱爲持明使者，所以叫持明院，又稱爲五大院，相當於平等性智。此院有五尊。

第二重東方是釋迦院，以變化身的釋迦牟尼佛爲主尊，表示方便攝化的妙德。此院有三十九尊。

北方地藏院，是以地藏菩薩爲主，此院有九尊。

西方虛空藏院，以虛空藏菩薩爲主，此院有二十八尊。

南方除蓋藏院，除蓋障菩薩爲主，此院有九尊。

第三重東方是文殊院，代表悟入實相的般若智慧。表示再由釋迦牟尼佛化現如文殊等諸弟子，此院有二十五尊。

西方第三重為蘇悉地院，此院有八尊。

最外一重為外金剛部院，在外圍四方畫出諸天、藥叉、人、非人、七曜、十二宮、二十八宿等，此院有二百零五尊。

以上共計有四百一十四尊的佛菩薩，但綜合言之，不出大日如來的一佛。

金剛界曼荼羅

◆是大日如來及諸佛菩薩在色究竟天宮及須彌山頂的集會場所

金剛界曼荼羅（Vajra-dhtu-maṇḍala）是金剛界九會曼荼羅（九種曼荼羅）的合稱。金剛界略稱金界。

金剛界曼荼羅，是大日如來及諸佛菩薩，在色究竟天宮及須彌山頂的集會場所，所依止的是如金剛般堅固不壞的智慧體性所建立，因此名爲金剛界。

在《秘藏記》中說：「胎藏者理也，金剛者智也，界者身也。持金剛者身，身即聚集義也，言一身聚集無量身。」在此金剛界大日如來屬智身，胎藏界大日如來屬理身。由聚集無量無邊的如來金剛智體，而成就爲金剛界大日如來。

此金剛界如果以圖顯示，稱爲金剛界曼荼羅。在現圖曼荼羅中，金剛界共有九會，但周圍八會都是依止中央的羯磨會，而示現其別德妙用。羯磨會的中台有五大月輪，五佛安坐其上。

五佛即五部，中央大日如來是佛部，顯現理智具足，大覺圓滿。

東方阿閦如來是金剛部，屬於菩提心發生之位，相當於四季中的春天，代表萬物生長的妙德。

南方寶生如來是寶部，屬於已生菩提心的熾盛位，如同夏季草木的繁茂。

西方無量壽如來是蓮華部，乃是證得菩提果之位，以大悲心入於生死界，為眾生說法除其疑惑，如同秋天草木結為果實。

北方不空成就如來是羯摩部，代表成辦事業之位，如同冬天萬物休止，而貯藏入春可發生的作用能力。

阿閦佛等四佛是大日如來的別德，所以五部是由佛部所開展而來的。

金剛界曼荼羅，是金剛界的大日如來最初為金剛手、觀音、虛空藏、文殊等大菩薩，在色究竟天宮廣大摩尼寶殿中所示現的內證境界。但是為了調伏剛強難化的大自在天眾等惡性眾生，所以下降到須彌山頂的金剛摩尼寶峰大樓閣中，入於悲忿金剛三摩地示現大威德身。

現在所圖繪的金剛界曼荼羅，其實就是描繪當時諸尊集會的情形。其構造也依

金剛界曼荼羅

色究竟天宮與須彌山頂的大會式樣，因此，這一幅圖像曼荼羅就是金剛界曼荼羅。

金剛界曼荼羅主要以成身會爲中心，成身會是開示修行者五相成身（係指令行者具足五相成就本尊身法。這五項是：菩提心、修菩提心、成金剛心、證金剛身、佛身圓滿）及三密的觀行而成就佛果行相。因爲是第二會以下的總體及根本，又名爲根本會，也即是大曼荼羅。

在金剛九會曼荼羅中，有從因向果的上轉門，和從果向因的下轉門兩個方向。如果衆生從因向果，修行成就則先從降三世三昧耶會漸次上升到成身會；如果諸佛從本垂跡，教化度衆，則從成身會次第轉入到降三世三昧耶會。

密嚴淨土

◆如來依止真如法性自受用淨土

密嚴淨土又稱為密嚴國或密嚴佛國，是毘盧遮那佛所得果地圓滿，遠離一切過患，具足智慧神通所示現的淨土。

密嚴淨土在《密嚴經》中是胎藏界和金剛界二界的大日如來所依止之處，這其實是我們眾生本具的如來藏識，修道之後所成證的法界體性智相應現前的境界。

東密的淨土主要是密嚴淨土，而在藏密的系統主要也是密嚴淨土，但是由於藏密淨土到後期時產生了許多變化，而攝入了無上瑜伽部許多本尊壇城。但是仍以密嚴淨土為最主要，再把十方的淨土收攝在他的國土中，而變成了有密嚴淨土、十方淨土、諸天修羅宮等等佛土。

對這些佛土除了以密嚴淨土為主之外，諸佛之外的一切護法空行、一切金剛持等等也都是大日如來的等流身，所以一切的佛土無非是大日如來等流所示現的佛土。

依據密教的觀點而言，密嚴淨土是以如來藏無垢淨識也就是第九識——如來藏識爲體，是法身大日如來所安置之處，若以五方五佛來配九識，在第九意識的菴摩羅識相當於佛部的大日如來，所以以無垢識爲體性的密嚴淨土乃是爲大日如來的住處，若相應於顯教其他宗派的淨土觀時，則爲常寂光土與法身如來身土不二的境界。但是一般而言，常寂光土和法身如來是大光明藏的境界，並不具足任何色相，而密教淨土中則顯示出莊嚴的色相。

這樣子的密嚴淨土，其實是跟《華嚴經》蓮華藏世界是有關係的，但是在密教中又特別顯現出與華嚴世界的不同，而稱爲秘密莊嚴蓮華藏世界，此世界不是一般凡夫所了知，也不是二乘聖者及一般下地菩薩所能了知，因此稱爲秘密；能夠具足法性萬德，圓滿莊嚴，故稱爲「莊嚴華藏」，這是密教爲了顯示他們的特別殊勝不同之處，所宣說的。

《大乘密嚴經》卷中〈顯示自作品〉記載：「密嚴佛土是最寂靜，是大涅槃，是妙解脫，是淨法界。亦是智慧及以神通諸觀行者所止之處。本來常住不壞不

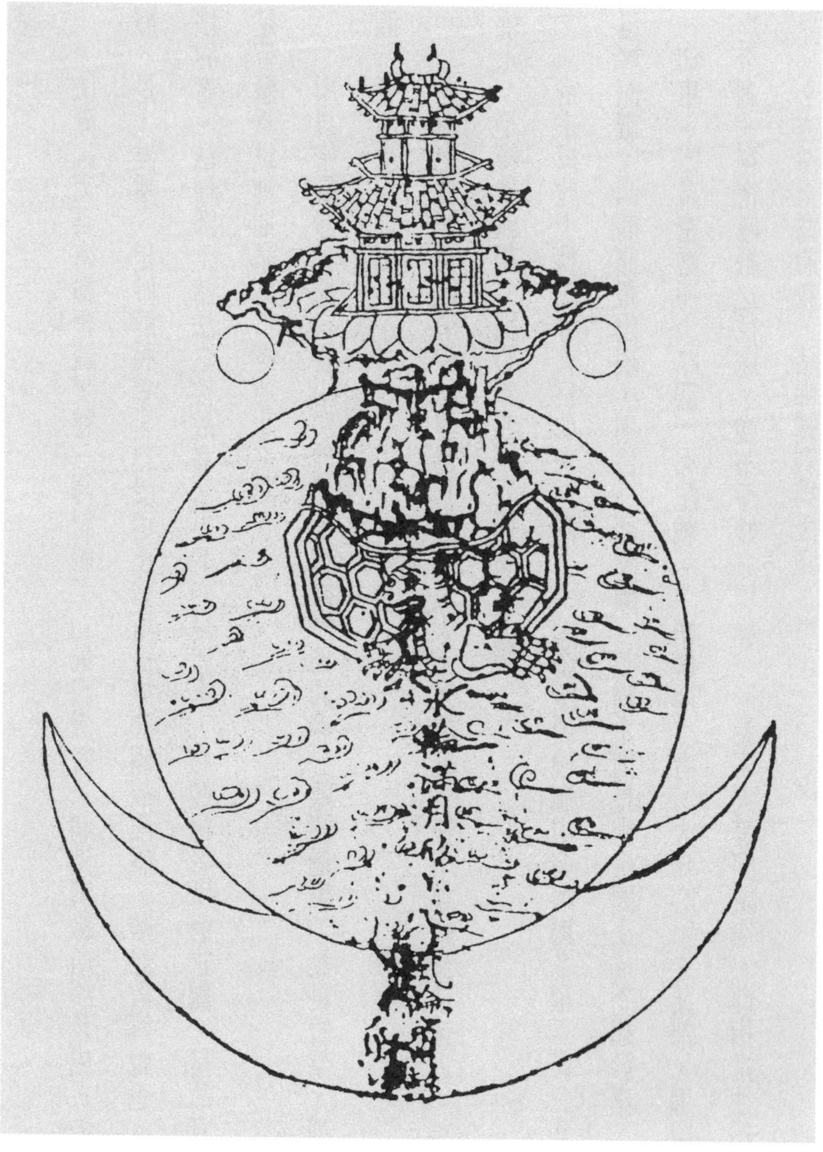

密嚴淨土圖

滅。」

法藏《大乘密嚴經疏》卷三釋記載：「最寂靜者，諸外喧緣所不及處，故言寂靜。是大涅槃、是妙解脫者，自受用土修所得果圓滿故涅槃，離患故解脫也。是淨法界者，法性淨土諸法之性故名法界。如是淨土，修觀行者所窮止處，是故宣說亦是智慧及以神通諸觀行者所止之處。」

所以密嚴淨土係自受用法性土，爲修得果圓滿、離諸過患、具足智慧、神通的觀行者所依止之處。

此淨土以如來藏清淨法界爲其體。《大乘密嚴經》在上述經文之後云：「密嚴佛土，是轉依識超分別心，非諸妄情所行之境。」

密宗以此土爲法身大日如來之淨土，《金剛頂瑜伽中發阿耨多羅三藐三菩提心論》記載：「若修證出現，則爲一切導師，若歸本則是密嚴國土。不起於座，能成一切事。」《密嚴淨土略觀》亦記載：「密嚴淨土者，大日心王之蓮都，遍照法帝之金刹，祕密莊嚴之住處，曼荼淨妙之境界。形體廣大等同虛空，性相常住超過法界。十方淨土爲前栽，諸佛妙刹爲後園。」

所以將九識配屬於五佛時，第九阿摩羅無垢識相當於大日如來，故以無垢識為體性的密嚴淨土，乃被視為大日如來的住處。

四曼

◆四曼是大曼荼羅、三昧耶曼荼羅、法曼荼羅、羯磨曼荼羅

四曼指四種曼荼羅，即大曼荼羅、三昧耶曼荼羅、法曼荼羅、羯磨曼荼羅四種，或略稱為大、三、法、羯四曼。

⑴大曼荼羅：又稱尊形曼荼羅，指諸尊相好具足之身。又彩畫之形像係名大曼荼羅。「大」乃殊勝、圓滿之義，即五大之標示（五色）互交，故名大。

⑵三昧耶曼荼羅：即諸尊所持的器杖刀劍輪寶等標幟。若彩畫其像，或以手指結印契，亦稱三昧耶曼荼羅。「三昧耶」有本誓、平等、除障、警覺等義；平等意為周遍，此曼荼羅中攝器世間的一切法，遍一切處所依止，故稱三昧耶曼荼羅。

⑶法曼荼羅：又稱種子曼荼羅，即諸尊的種子眞言。或顯密諸經論之文字，及一切文字音聲皆攝於此曼荼羅中。

⑷羯磨曼荼羅：即諸尊之威儀事業。「羯磨」指事業、作業，取捨屈伸，乃至

法曼荼羅

大曼荼羅

羯磨曼荼羅

三昧耶曼荼羅

四種曼荼羅

捏鑄刻鏤等亦皆攝於此曼荼羅中。

此外，關於此四曼的次第，有粗細與體用的次第。就粗細的次第而言，依次是大、三、羯、法。大曼荼羅顯了分明，所以置於第一；三昧耶曼荼羅之手印標幟等比起大曼荼羅，其相稍隱，故置第二；羯磨曼荼羅的威儀事業是體上所具的作用，故置第三；法曼荼羅是內心之所證，自體甚為幽遠，所以置於第四位。

其次，就體用的次第而言，依序是大、三、法、羯。大曼荼羅中，尊形乃自體成立，而持標幟、誦真言、作事業，其體最廣，因此列在首位。

三昧耶曼荼羅乃內契法性之的體，外應物而標示其本誓，內外平等，自體周遍，因此列在第二位。法曼荼羅其體雖幽遠，但功用廣大，正指真如的當體，所以列在第三位。羯磨曼荼羅是事業威儀的作用，因此列在最後。

就密行者而言，自身和外法界就是四種曼荼羅大曼荼羅、法曼荼羅、三昧耶曼荼羅、羯磨曼荼羅，自身、地球皆是法界的大曼荼羅；所有的意念、思惟、語言、文字是法曼荼羅；我們的心願、所成就的事業、所投入的心念，一切的標幟都是三昧耶曼荼羅；生活一切行、坐、臥都是羯磨曼荼羅，現觀此一切皆是曼荼羅。

四種怛特羅

◆西藏密教經續的主要分類法

四種怛特羅又稱四種續部，或略稱爲四續。「怛特羅」（梵tantra，藏rgyud）原是相續之意。後轉爲表示密咒及密教教義；《西藏大藏經》中，祕密經典也稱爲怛特羅。漢譯爲續、本續、或密續。密教中，將因相、性相、果相三相結合統一的教法，特別稱爲怛特羅。因相是指發菩提心始作的灌頂、三昧耶戒等前行；性相是指前行終了後，所應修的觀法與修行；果相是指究竟的證果。此三相結合統一，缺一不可，因此稱此相續之教爲怛特羅。

四種怛特羅的分類是：

一、所作怛特羅事部或事續

二、行怛特羅行續

三、瑜伽怛特羅瑜伽續

四、無上瑜伽怛特羅無上瑜伽續、大瑜伽續

這種分類不只用於經續也適用論疏丹珠爾中的成就法與註釋書。而此種怛特羅的四種分類法，在宗喀巴的《密宗道次第廣論》被完整的應用，也一直是西藏最重要的分類方法。

所作怛特羅，主要是以口誦眞言、手結印契，以對諸佛的禮拜、供養等各種儀軌爲主要的作法。是教導藉由外在所作，以實行密儀的聖典。在此，各類陀羅尼經典及《蘇悉經》、《蘇婆呼童子經》、《蕤呬耶經》都屬於此類。

行怛特羅是依據所作怛特羅的儀軌爲基礎，再加內在的禪觀，兩者在行法時，同時展現。其代表經典爲《大日經》，此經述說身——印契、語——眞言、意——三摩地三密相應相即的行法，即屬此類。

瑜伽怛特羅則修行更爲深化，其重點在於內在的禪觀三摩地，以三密相應而獲致佛與行者不二的境界，是此瑜伽行的主要目的。在此《金剛頂》爲代表經典。

無上瑜伽怛特羅則以瑜伽怛特羅爲基礎，而直接將我們的身體視爲本尊的曼荼羅，並依此修證以圓滿佛陀的法、報、化三身。

無上瑜伽的修法又分爲：主張以方便爲根本的經續，稱爲父怛特羅，此類以《祕密集會怛特羅》密集金剛爲主。

以般若大樂爲核心修法的經續，稱爲母怛特羅。如《喜金剛怛特羅》等類的經續。綜合母般若與父方便前二種續，而顯示雙入特色的稱爲無二續，主要以《時輪怛特羅》爲主。

這種怛特羅的四種分類法，源於印度後期的密教，後來成爲西藏密教的主要分類法，及判教的核心。

無上瑜伽部的典籍直至宋代才傳入中國，主要有由施護所譯，屬於父續的《金剛三業祕密大教王經》《祕密集會怛特羅》，及母續的代表經典《大悲空智大教王經》、《喜金剛怛特羅》，但在中國並沒有流行。而中國的教法在唐代也已經成熟的自行發展了。

而西藏佛教在早期雖然承自中國、中亞與印度的教法，但後來卻主要從印度傳入，並接受大量後期密教的無上瑜伽怛特羅，並以此爲中心，發展成爲西藏密教。所以無上瑜伽部的四種分類，便成爲西藏經典的編輯根本及判教的中心。

四部

◆指事部、行部、瑜伽部、無上瑜伽部

四部是指事部、行部、瑜伽部、無上瑜伽部。

事部即雜密亦稱作密，沒有修習自身爲本尊的修法，只有修習對生的本尊，並以本尊加持自身，從對生本尊祈請乞得悉地成就。專習迎請、讚誦、承事、供養等，及儀軌的手印、眞言、觀想，所以名爲事部，又稱爲從主（本尊）乞悉地。

行部亦稱爲修密，修習自身爲本尊，視自身爲因位的佛陀；並迎請本尊，獻座供養，從本尊祈請悉地成就，名爲從伴取悉地。

瑜伽部以「入我我入」的三密相應觀想，自身生起爲本尊，並具足智慧本尊的灌頂加持；以五相成身觀與五輪塔觀（即胎藏界的六大瑜伽觀）爲基礎修習。但修習觀想完畢後，仍要奉送本尊回復本位。

無上瑜珈部分爲生起次地與圓滿次第的修持。

修持生起次第的本尊瑜伽，是依五方佛灌頂，具足本尊觀想佛是明顯、堅固、無實。此時的自生本尊觀，並不奉送本尊回本位壇城。

而在圓滿次第修習上，是以生起次第的本尊觀想為基礎，使自身安住於莊嚴佛身，調整自身的氣、脈、明點，並透過三脈、七輪的修習，使自身的業劫氣轉成智慧氣；轉凡夫脈成智慧中脈，下劣的內分泌明點轉成智慧明點（明表智慧，點表精華），最後完全開發三脈七輪，成證報身佛。

而無上瑜伽部，認為一切衆生皆是佛，要佛慢堅固，所以行者受領加持灌頂之後就是本尊了，隨時隨地現觀己身是本尊的三昧耶身，將身體每一部位觀想得清清楚楚，身相自然就改變得如本尊一般。

無上瑜伽部要求行者佛慢堅固，而事部、行部、瑜伽部則說修成佛身需十六世，無法在此世即身成佛，還要轉換好幾個階段，才得以成佛。

本尊

◆修法的根本主尊

本尊是指行者修法的根本主尊，或是指某一宗派或某一寺院的主要供奉對象。日本佛教徒將一寺、一堂或一宗所供奉的主要尊像，稱之為本尊。其形像為木像、畫像、曼荼羅、名號等。依宗派、堂宇之不同，所定的本尊也有差別。一般寺院或依願主、創立緣起而安置本尊，通常不離釋迦牟尼佛、藥師如來、阿彌陀佛、大日如來、觀世音菩薩、地藏菩薩、彌勒菩薩等。也有少數宗派選擇其他菩薩或護法的。

禪宗寺院中，佛殿的本尊大都為釋迦牟尼佛，淨土宗的寺院，古來即以阿彌陀佛或彌陀三尊（阿彌陀佛與觀世音、大勢至）為本尊。

淨土眞宗則於繪像、木像為本尊之外，另以名號為本尊。其名號有六字（南無阿彌陀佛）、九字（南無不可思議光如來）、十字（歸命盡十方無礙光如來）等三種。眞宗尙將中國、日本等諸祖師繪於一幅，稱爲光明本尊。

天台宗以久遠實成無作之本佛爲本尊。日蓮宗以「南無妙法蓮華經」爲本尊，或以日蓮所繪「十界勸請大曼荼羅」爲本尊，或以本門之釋迦及本化之四菩薩爲本尊。密宗以大日如來爲普門總體的本尊，以金剛界、胎藏界兩部曼荼羅諸尊爲一門別德之本尊。

另外，是指藏傳佛教徒所修法門之所屬主尊：藏傳佛教的修行者，必須選擇某一尊佛、菩薩或護法爲其一生中所主要供奉、學習的對象，並專學他的法門。此一對象對個人而言，即其修持的本尊。

通常本尊一經選擇，永不變動，正見攝持，以爲修持的中心。如以蓮華生大士爲本尊，或是喜金剛、金剛亥母、麻哈嘎拉等皆可爲本尊。

金剛薩埵

◆金剛薩埵代表衆生堅固的菩提心

金剛薩埵（梵名Vajrasattva）略稱金薩。「金剛」是梵文跋日羅的意譯，「薩埵」意指有情。金剛薩埵爲音義合譯之語。或稱執金剛、金剛手祕密主、持金剛具慧者、金剛勇大心、普賢金剛初、金剛上首。《不思議疏》卷上云：「執金剛者，金剛薩埵是也。」又，《大日經》的對告衆執金剛祕密主亦名爲金剛薩埵。

《金剛頂瑜伽中略出念誦經》卷四記載：「一切衆生所有心，堅固菩提名爲薩埵，心住不動三摩地，精勤決定名爲金剛。」這是說明凡夫本具的淨菩提心含有堅固不壞的特德。也就是說密教的受教之人皆爲金剛薩埵。

由此看來，此尊的本誓具足有多方面。如，在金剛界曼荼羅中示現爲阿閦如來四親近之一，令一切衆生滿足普賢行，令一切菩薩受用三摩地智；於理趣會中，以欲、觸、愛、慢四煩惱的妄體爲別德，示現煩惱即淨菩提心的妙趣；在五祕密曼荼

金剛薩埵尊像

羅中所顯，亦爲此意。

在胎藏界曼荼羅中，是金剛手院的主尊，以摧破爲本誓，故稱爲金剛手、金剛持或執金剛。

此尊的形像爲右手持五股杵當胸，左手持金剛鈴當腰。五股杵表徵五佛三昧，金剛鈴象徵能令一切長眠眾生覺醒。

金剛薩埵爲密教金剛界三十七尊中十六大菩薩之一。在成身會、三昧耶會、微細會、供養會中爲阿閦佛四親近之一，位於阿閦佛前。在四印會中位於大日如來之東方。在理趣會中爲主尊，位於中央。在胎藏現圖曼荼羅中，係金剛手院之主尊，位列第一行中央。

《理趣釋》卷上釋金剛手云：「金剛手菩薩者，表一切如來菩提心、初發菩提心、由金剛薩埵加持。」又釋金剛薩埵云：「金剛勝薩埵者金剛義菩提心是也。『勝』謂最勝，『薩埵』名勇猛。」《略出經》卷四云：「一切眾生所有心堅固菩提名薩埵，心住不動三摩地，精勤決定名金剛。」這些說法都是指說金剛薩埵代表眾生堅固的菩提心。

又有視金剛薩埵與普賢菩薩同體。如《五祕密軌》說金剛薩埵者是普賢菩薩，即一切如來長子，是一切如來菩提心，是一切如來祖師。經軌中持這種說法頗多。此尊密號爲眞如金剛、大勇金剛。淨菩提心堅固不動，勇於降伏左道左行的有情，故謂大勇。淨菩提心爲恒沙功德的根本所依體，所以名爲眞如。

上師

◆上師是加持的根本

上師具有三寶的本質，上師以身來弘傳佛法，具有僧寶的本質；上師的語，宣說諸法的密意，具有法寶的本質；上師的心契於佛性，具有佛寶的本質。且四皈依中，含有皈依金剛上師，所以重法之源流，而皈依者即得以入於密乘。

上師是加持的根本。從釋迦牟尼佛以下，代代相承傳至上師，是傳承的根本。從金剛持以下代代相承，傳至上師，爲密教無上部傳承（大手印及父母二部）。從法身普賢王以下代代相承，傳至上師，爲無上大圓滿傳承。從金剛薩埵以下代代相承，傳至上師，爲作部、行部、瑜伽部之傳承。上述傳承均包括於九乘次第之內，爲普賢王佛法、報、化三身應機所說。

像這樣傳承的加持血統，均匯集於上師一身。所以藏密說：「上師之身是僧寶，上師之語是法寶，上師之意是佛寶。」這表示上師一身總攝三寶。又說：「上師之身是上師，上師之語是本尊，上師之意是空行。」這表示上師一身總攝三根本。因此，上師是過去諸佛的化身，現在諸佛的補處，未來諸佛的生處。所以說：「上師即佛亦即法，如是上師亦僧伽，一切能作皆上師，上師具德金剛持。」

明妃

◆即空行母，為事業之根本

明（vidyā）指破除愚闇的智慧光明，即眞言陀羅尼。此「明」在文法上有男女二種，男性名詞稱明王（vidyā-rāja）女性名詞則稱明妃（vidyā-rājnī），具有懷柔萬物的功德，示現女人相，攝受衆生，如佛母明妃等。

明妃亦指空行、空行母，古譯爲明妃，是密乘之護法，行者之伴侶及指導者，代表空性及智慧，以女性之姿態而出現，大概指化身所出的天女相，行於天空，所以名爲空行，但亦有人間空行母之說。男性之空行則稱爲勇父；因此空行母亦稱爲勇母。

《大日經疏》卷九記載：「阿闍梨言：明是大慧光明義；妃者梵云囉逝，即是王字作女聲呼之，故傳度者義說爲妃。妃是三昧義，所謂大悲胎藏三昧也。此三昧是一切佛子之母。」卷十二又說：「由增長義故女聲呼之，如王以尊位故，其妃亦復尊重，故云明妃也。」

明妃有時亦指人格化的菩薩。《陀羅尼門諸部要目》云，佛部以無能勝菩薩爲明妃，蓮華部以多羅菩薩爲明妃，金剛部以孫那利菩薩爲明妃。此外，《蘇婆呼童子請問經》卷下說，蓮華部中有目睛、妙白、居白、觀世、獨髻、金顏、名利稱、苾唎俱胝等八明妃。

此外，指具足種性資格的修密之女性。乃於無上密部，第三灌，修雙運法時，所必需的伴侶。如《密勒日巴大師全集》云：「豪族小友聽我言：女人多是貪欲因，具相明妃沙中金，菩提道上好女伴，誠極寶貴甚稀有。」

明妃是事業之根本。事業便是行者從初發心後，中間過渡直至最後成就所需要之事業，如息災、增益、懷愛、降伏等，以及一切不共之事業，需要空行母攝助，空行母便給予協助而成其事業。

明妃也可指護持密乘行人及教法之女性護法，亦爲對一切修密乘的女人之尊稱；就更廣義而言，女性之佛陀皆爲明妃，如二十一尊度母、尊勝佛母等皆是。

明妃實是密乘教法和修持的最主要的主體之一。就究竟義而論，般若佛母即一切諸佛所出生處，這才是最高的空行母，修行人對空性或般若智慧，若得相處或趨入，大都會在夢中或定中見到種種空行母的示相。

明王

◆如來折伏難化衆生所示現的忿怒身

明王（梵名爲Vidyā-rāja），在密法中常用來指稱如來爲折伏難以教化的衆生，而示現的怒身。

明（Vidyā）是無明的對稱，是指破除愚痴、黑闇，通達實相諦理的聖慧。

「明」在密法中的意義，則有了引伸，轉而指稱爲眞言（Mantra）或陀羅尼（Dharani），意指眞言、陀羅尼的力量，能破除煩惱、業障的黑闇，因爲在密教中，眞言與陀羅尼，都是智慧的根源。

而明王又稱持明王，因爲是一切眞言智慧的本源，所以有如此的敬稱。其中「明王」又分作兩種意旨：

㈠指眞言陀羅尼之王，有持明或明主之義。如《菩提場所說一字頂輪王經》卷五〈證學法品〉中說：「此一字輪王眞言，一切眞言中爲王，大明王主。若修行，滅除一切業障，亦滅除一切惡趣之業。」就是此類的意旨。

㈡一般密教所習稱的明王。這是佛為了折伏難以教化的衆生，而示現忿怒身，所以又稱為忿怒尊或威怒明王，這是由如來大智所示現的，如不動明王等五大明王或八大明王。

而明王一辭的梵語（Vidyā-rāja），在文法上屬於男性名詞。男性名詞的明王，具有摧破各種障難的能力，示現怒身，來折伏難以教化的衆生。

五大明王

◆五佛為降伏魔障所變現的忿怒身

指示現忿怒相的不動明王、降三世明王、軍荼利明王、大威德明王、金剛夜叉明王等五大明王。又稱五大尊或五忿怒。此五明王乃九識所變，係五佛爲降伏內外魔障所變現的教令輪身。即：

(1)中央不動明王：爲大日如來的教令輪身，能降伏一切諸魔。

(2)東方降三世明王：爲阿閦如來的教令輪身，能降伏大自在天。

(3)南方軍荼利明王：爲寶生如來的教令輪身，能降伏五陰魔。

(4)西方大威德明王：爲無量壽如來的教令輪身，能降伏人魔。

(5)北方金剛夜叉明王：爲不空成就如來的教令輪身，能降伏地魔。

若就內義言之，不動明王頭上的蓮華表第九識，降三世明王的八臂表第八識，軍荼利明王遍身纏蛇表第七識，大威德的六面六臂表第六識，金剛夜叉的五眼表前

不動明王

降三世明王

軍荼利明王

大威德明王

金剛夜叉明王

五大明王尊像

五識。

依《覺源鈔》卷下所載，金剛夜叉明王斷一切眾生俱生分別之惑，大威德明王斷人法二執，軍荼利明王唯斷我執，降三世明王斷煩惱、所知二障，不動明王斷盡一切眾生業壽。

三根本

◆即上師、本尊、空行和護法

在金剛乘中，佛道直接顯現於三根本中（three roots），就是上師（guru）、本尊（devata）和空行（dakini）及護法（dharma pala），也可以說是金剛乘的三寶。

上師是加持根本（adhisthana），因爲他揭示了我們自心中的佛性。

本尊是成就根本（siddhi）。爲利益不同資質和傾向的衆生，佛道以多種不同外型的本尊示現。因此瑜伽士可做一種或多種本尊的心靈修行，本尊是適合自己根性的覺悟轉化者。

空行和護法合而爲事業根本（karma）。空行代表覺悟的女性能量，可以引導瑜伽士使他回復於平衡狀態。護法有男女二相，他們的作用相似，都是護衛瑜伽士修行，並且守護瑜伽士由佛法各種傳承處聚集的加持力。

四加行

◆指皈依大禮拜、誦百字明、獻曼達、上師相應法四種加行

加行原是相對於正行的說法，當我們從事正行之前，爲了使正行能快速而圓滿的成就，因此，事預先做了種種預備，使正行中可能發生的障礙，及需要的資糧能準備齊全。相對於正行而言，這些預備進行的動作，就是加行。

因此，各種法門都可以有加行，而加行也依法門的需要，而如理的安立，以使修行能在無障礙中，迅速成就。

而西藏的無上瑜伽部密法，爲了修法的需要，使修證能圓滿成就，也發展出了四種加行，成爲藏密極爲重要的根本基礎，也是藏密的重要特徵。

四加行是修習西藏金剛乘的前行。而這四種加行分別是皈依大禮拜、誦金剛薩埵百字明咒、獻曼達、修上師相應法。其中每一加行都必須修完十一萬一千一百一十一遍，加起來共是五十萬五千五百五十五遍。

在歷史發展中，幾乎西藏的各個金剛乘教派都視四加行爲必修之法，但在修法上或有小部分差異，這是因爲各派旨趣不同所致。

金剛乘行者修習四加行，首先從皈依與大禮拜做起。

皈依裡的皈依境是指上師、本尊、佛、法、僧及護法。行者發願將自己的身、口、意一切完全奉獻給衆生，願一切衆生皆能成佛，眞誠地皈依、發菩提心。皈依之後，就表示行者已決心隨從佛法，願將生命與佛法的修行結合在一起。

大禮拜，主要是降伏行者的慢心，表示自己願意完全信服佛法，並信守自己所發的大願。

在皈依、大禮拜之後，行者接下來應修金剛薩埵法和百字明咒，修習此法可以淨化行者的身、口、意三業，去除菩提道上的障礙。

一般而言，在做進一步修行之前，行者都必須誦〈百字明〉來清淨懺悔。修此加行時，行者已經心服於佛法了，並進一步淨化自身，能更深入地認識佛法。

供曼達是積聚功德與智慧最圓滿而巧妙的方法，能使我們快速地依道而行。

依據不同的加行傳統，可做三十七支供，或七支供養。所謂七支供養即是須彌山、四大部洲、日、月的供養。

第四是要修持上師相應法。

行者修習四加行時，應視上師為金剛持、是佛陀的化身。上師的心是佛、語是法、身是僧，上師同時具足了諸佛的法、報、化三身。當行者一開始修習金剛乘時，和上師之間就有了三昧耶誓約，能夠完全信服上師的指導，才能得到上師的加持及傳承力量。

同時，上師也代表了此派的傳承，上師所傳的法是累世的祖師大德修行的成果。由於這個殊勝傳承大流，行者才得以接受此豐富的成佛資糧，成為傳承之流的一員，這對行者是甚深的加持與鼓勵。

修習上師相應法，就是藉由修法的儀軌將上師觀想成金剛持，然後領受其灌頂。

獻曼達

◆積集福德智慧二種資糧的方法

西藏佛教修法，爲四加行中之一項。「曼達」即指藏密法器中之「曼達盤」而言。

供曼達主要是爲積集福德智慧二種資糧。人壽有因福盡而止的，因此供曼達也可延壽。供養布施則可以去除貪慳。修持此加行的時期最好同時廣修布施。而曼達盤則量力備置，盡量力求精美莊嚴。

假若有二個曼達盤，則一用爲受供的代表，另一用以修供。如果直接觀皈依境以取代受供的曼達盤，則只需準備一曼達盤以修此加行。

噶舉派與格魯派皆以三十七供的觀想爲主，但實際上計十萬遍的是七供與下列之四句偈：香塗地基妙花敷，須彌四洲日月嚴，觀爲佛土以奉獻，衆生咸受清淨刹。

寧瑪派所供則爲三身曼達，觀想以三千大千世界、報身佛土及常寂光土分供化、報、法三身。實際上計十萬遍的是五供（或十五供）。

寧瑪派的供法既已包含三十七供的內容而遠超之，自然較爲殊勝。因此行者宜先研讀三十七供之觀想內容，以爲修化身供之助。實際上則以七供及三身曼達偈計十萬次。

噶舉派亦規定三十七供需供滿千次，因此修學者宜供三層的三身曼達盤千次。至於三身曼達供法，每一次需時數十分鐘，可於每月供上師、本尊、空行、護法之四特別日修一次。

灌頂

◆受學密法必先進行的儀式

灌頂是修學密法者必先進行的儀式。灌頂的由來是源於古代印度文化中，王子要承襲王位時所舉行的儀式。當輪王太子要承襲正位時，國王便用四大海的海水爲其灌頂，表示經過灌頂之後，太子將繼承輪王之位，統領四大海，自此已經具足了輪王的體德，因緣到時就可以繼承輪王之位。

佛法取此義，爲接近位階佛地的大菩薩灌頂，正式成爲法王子，而後法王子將紹承法王位。

所以，灌頂的基本義是指十地菩薩或是十地菩薩中的妙覺菩薩準備受法王位時，接受灌頂，準備成佛。

在密教中，其以現前諸佛的佛果來加持，以果地如來現前加持，直接攝持我等衆生入於究竟果位；依如來果位觀察，一切衆生皆爲如來心子，皆是佛子，皆是佛種。依如來而言，沒有時間、空間的問題，所以一切衆生等同佛子，等同法王子，所以能直接給衆生灌頂，使其成具佛的諸德體性。

密教則是將原是由最初修持漸至佛位的灌頂義，直接由一位代表佛果的上師授予弟子灌頂，使其直入佛法海、墮入佛處。

東密的灌頂有其傳承上及修證上的意義。東密的灌頂又分爲胎藏界和金剛界的灌頂方法，胎藏界分爲三部，金剛界分爲五部，這都是配合五方佛的修持而灌頂。

這種種灌頂是有階位之分的。在修行的灌頂裡，有結緣灌頂、學法灌頂、傳法灌頂。

結緣灌頂就是最外層的灌頂，結緣灌頂不授秘法，只是使世人與佛結緣。

學法灌頂，即表示行者開始學這個法，是阿闍梨對深信的弟子特建曼荼羅，並引入使其投花，授與其所得本尊之三密，並使弟子修行之作法。

傳法灌頂是爲欲成爲傳法阿闍梨者，授以普門大日的儀軌明法。

然而灌頂最重要的不在參加灌頂法會與否，而在於自心中是否眞的轉識成智，如果沒有的話，就只能稱爲結緣灌頂。藏密的灌頂又可分爲初灌、二灌、三灌、四灌。

初灌，是指修習生起次第的法，使行者心中所纏縛的業障，直接轉成智慧，使自身九識直接轉成諸佛五智，轉三昧耶身爲佛身，在藏密生起次第的無上瑜伽部裡，認爲初灌修的是化身佛。

生起次第之後，接著是圓滿次第，此屬無上瑜伽部的二灌和三灌，二灌是祕密灌頂，是利用觀想來轉化自身的氣、脈、明點，將此報身轉爲化身。三灌是事業灌頂，又稱智慧灌頂。

圓滿次第中的二灌和三灌所修的不再僅止於本尊的外相而已，而包含了本尊內身的五德。要把凡夫的氣、脈、明點轉成諸佛的氣、脈、明點，也就是轉化成智慧氣、智慧脈、智慧明點。二灌又稱祕密灌頂，是利用觀想來轉化自身的氣、脈、明點，將此報身轉爲化身。

在二灌裡是以觀想的方法來轉化，到了三灌就要實修，直接以實修，將內心最深沉的貪欲拔除。圓滿次第的二灌和三灌，一般稱爲貪道方便，直接從欲界衆生最深沉的貪欲著手，從大貪的境界裡拔除貪種子，直接轉成菩提。

四灌直接從法性光明出生。初灌修的是化身，二灌，三灌是修報身，四灌則是修法身，法、報、化三身同時具足，就稱為法界體性身。四灌要斷除我們對世間種種相的執著，直接與法性相應，從法性中直接生起光明。

將佛種智直接種在心田，是真實受佛灌頂，為佛弟子，準備紹承佛位，如此才是真實受灌。

護摩

◆焚燒供物供養本尊的修法

護摩梵文homa，又作護魔、戶摩、呼麼等，其義為焚燒。密教在修此法時，係將供物投入火中供養本尊，所以有此名。在《大日經疏》卷十五有記載護摩是燒義，不僅意為焚燒，且其本意為燒食供養。

另外，在《一切經音義》卷四十一中，也說明護摩是火祭法，即將供物焚於火中，並以之供養諸聖賢。二者皆說明了護摩的本意。

護摩法，原本是婆羅門教供養火神阿耆尼，以為驅魔求福的作法，彼等事火婆羅門在火神的祭祀中，將供物投入祭壇的爐中，待火焰上升，表已入於諸神的口中，諸神依此得力以降伏諸魔，而給予人們福祉，故又將火視為諸神之口，亦即天口。

而佛教密法為了攝受此事火婆羅門及其徒眾，即將此緣起所現的護摩法，依法性意義加以融攝、超越昇華，而成爲密教的重要修法，但其意義已轉爲佛教根本旨趣。

如《大日經疏》卷二十有言：凡護摩義者，謂以慧火燒煩惱薪，令盡無餘之義也，又《尊勝佛頂眞言修瑜伽軌儀》卷下記載：護摩者，此方爲火天，火能燒草木森林，無有餘者；天者，智也。智火能燒一切無明，株杌無不盡燒。如此意義一轉則更符合佛法的本意了，並藉由護摩的表徵來譬喻以智慧火焚燒無明貪吝的心。

密教的護摩修法，又可區分爲內、外二種。出世間的護摩爲內，世間的護摩爲外。然而出世間護摩中，又有內外之別，即以觀心爲內，而以事相爲外。

修行者自身，所修本尊之火天、火壇及火，三者之本皆是六大所成，而安住於本不生的體性。觀是三者皆平等性空，所以行者住於心、佛、衆生三無差別的平等觀，來觀想智慧之火焚燒一切無明業障煩惱；這種行者心中的觀想，不涉及實際焚燒行事作法，所以名爲內護摩。又因僅觀想理法，所以又稱爲理護摩。

而外護摩，是指擇地造壇，焚燒乳木、五穀等物，來淨滌修行者的身、口、意，並且成就息災、增益、懷柔勾召、降伏等事業法。此一修法，皆是心外的行事作法，因此稱爲護摩，又稱事護摩。

外護摩是修法時，具足本尊、火壇、修行者等三者來作爲修行者三密的象徵。其中，本尊代表修行者的意密，火壇表修行者的口密，修行者自身則表爲身密。

另於上所說之外護摩，若未能與內觀相應，即無法成就各種悉地成就，也與外道所行之護摩法無別。

所以行外護摩時，必須同時修持內護摩的三平等觀，以期內外相應、事理相融，成就各種悉地。

由此，即成外護摩即內護摩的眞義，此不僅是密教外護摩不同於外道護摩的地方，也是密教修行護摩法時的一大要點。

四種法

◆為四種護摩：息災法、增益法、敬愛法、降伏法

四種法又名四種壇法、四種成就法、四種護摩，即密法中的息災法、增益法、敬愛法、降伏法等四種。

息災法又作寂災法，是滅息自身及他人種種病難惡事的修法。而災障的形成大都來自於我們自己的身、口、意三業所造的，其中有與他人共成者，也有個人特殊的惡業，只要除去了災障的根源，那麼災障自然消滅。

所以息災法，就是以法身如來寂靜無為的三密加持力，及行者的懺悔力，來消滅此惡業的法門。

因為法身毗盧遮那如來的三密是本不生，以此而加持修行者之三業時，則三業亦同化於三密，而亦歸於體性本不生，如此災害消除，本然法爾寂靜現前；以寂靜故，相應於五大中的水大，而成水大三昧耶。

因此修身法的護摩壇爲水大形，即圓形壇城，色法爲白色，本尊爲佛部的諸尊，修行者向北方吉祥坐而修法，梵燒的材薪以甘木爲佳。

增益法爲增益自身及他人的壽命、福德、智慧的法門。所以當修行者自身的智慧難以增長、功德難以圓滿，皆因自身的福德不足，因而修習此法以法身毗盧遮那佛福智圓滿的三密加持，滋長福德，以利益修行。

藉由五大緣起中的增長力，所以是地大的三昧耶，行護摩的法壇爲地大方形壇，色法爲黃色，多以寶部的諸尊爲本尊，修行者向東方半跏趺坐，焚燒的材薪以果木爲佳。

敬愛法爲自身及他人欲得佛菩薩加被，或欲得衆人愛護的護摩法。修行者現今修行爲業，以菩薩法重，專致一心於道業上，但因往昔未結善緣，致使修行福德資糧難聚，佛法難弘，故修此法以得人敬愛而成就菩薩大行。

此法爲蓮華三昧耶，故護摩法壇用蓮華形壇，色法爲赤色行之，以蓮華部之諸尊爲本尊。修行者向西方箕坐，箕坐是交脛豎膝，並以右足踏左足上，焚燒薪木以花木爲主。

降伏法又作調伏，爲調伏自身和他人一切煩惱業，及其怨敵惡人等的護摩法。修行者因自身煩惱業障的緣故，或因外魔怨敵所擾故，所行道業菩薩行艱苦難成，故修此調伏法。

以法身如來的廣大悲願力所現的大忿怒調伏的密行，加持行者去除自身煩惱業或降伏外魔怨敵的瞋恨心，而示現自皈依佛法之心。

此法爲火大的三昧耶，故所行護摩法壇爲火大三角形壇，其色法爲黑色或綠色，因黑爲風大之色，風有摧破之力用也，且黑有滅餘色之力用，故能爲降伏相應之色。此法本尊爲金剛部的諸尊，修行者向南方蹲踞，焚燒薪材以苦木爲主。

修降伏法時，自心應安住於無量的大慈大悲當中，悲憫

種類	壇形	色	護摩木	方角	坐法
息災	圓	白	甘木	北	蓮
增益	方	黃	果木	東	吉祥
敬愛	蓮花	赤	花木	西	賢
調伏	三角	青黑	苦木	南	蹲踞

外魔怨敵因貪、瞋、癡煩惱業識所染，不改其惡行而反造重罪，將成為斷善根的一闡提，永墮生死輪迴之苦海。

因此，外現大惡忿怒相，心住於大悲心中以斷除彼等煩惱妄執，但是修此法時要注意：行者若以瞋恨心修此法，則與佛法不相應，更使自身造三惡業，反墮三塗苦，所以行者修此法時，應謹愼小心。

三密

◆佛菩薩清淨身、口、意

三密的梵文trii guhyni,指祕密的三業，即是身密（梵kaya-guhya）、口密（梵vg-guhya）或語密，意密（梵mano-guhya）或心密。三密的用語主要盛行於密教。

諸佛菩薩的身、口、意三業，隱密深玄，由於我們凡夫不容易了知，所以稱爲三密。行者手作本尊的手印，乃至行、住、坐、臥等一切事業，皆稱身密；口誦眞言，乃至一切言語等，皆稱語密；心觀本尊，乃至憶念本尊的誓願，皆稱意密，以上是爲三密。此在諸佛菩薩方面，雖稱爲三密，至於我們凡夫，則因無隱密深玄之義，所以稱爲三業。

密教認爲佛的三密屬體、相、用三大中的用大；其作用微細甚深，非思惟所及，連十地等覺菩薩亦不能見聞，所以稱三密，而佛的三密與衆生的三業相應，卻能生起不思議的大作用。

眾生的三業雖是雜染，但若能契合佛菩薩的三密，且含攝於其中，又眾生自心體性本自清淨同於諸佛的三密，即眾生三業實相皆是六大法性的作用，與佛的三密等同無二，故亦稱三密。

又三密有「有相」、「無相」二種：有相三密是佛與行者自身互相融攝，入於瑜伽境界，而行者身結印即身密，口誦眞言即語密、意觀本尊即意密。「無相三密」即行者所有身、語之行爲、自心所思惟者皆爲三密，此即是無相三密。

而有相三密，是佛的三密加持於行者的三業上，故稱爲「三密加持」；無相三密，是佛的三密與行者的三密相應融合，故稱爲「三密相應」。

密宗依此三密加持，三密相應的大用，轉凡人身而成就圓滿佛身，也就是透過身、語、意三密的修持，讓我們即身成佛。

入我我入

◆以本尊之身語意入我之身語意，以我之身語意入本尊之身語意

「入我我入」是修密法時，行者觀想佛菩薩本尊的身、語、意三密進入行者的身、語、意三業，就是「入我」；觀想佛的心入於行者的心，佛的語入於行者的語，佛的身入於行者的身。

而「我入」是行者經由「入我」的修法之後，清淨的身體、語言、心意進入淨土中實報莊嚴的本尊的三密。行者入於本尊的身體、言語、心意，進入之後則自然現前安住。

因爲一切現空如幻，本尊的根本智一切平等，本尊之身入於行者身、行者之身入於佛身，本來是現空如幻的。本尊之身與行者之身都是空性，如果不是本然現空如幻，心、佛、衆生三者是如幻且平等的，我們在此是無法修持的。

因爲只要有我執的心、下劣的心在作祟，就沒辦法除去下劣心意識的執著，而

無法修成三密相應；所以可以藉由修習「入我我入」來現觀成就佛的三密。

氣脈明點

◆圓滿次第修法的內容

「氣」在我們身上所顯現的是呼吸，氣可分爲命氣、下行氣、上行氣、平住氣、遍行氣；命氣住在心輪，是保持生命的基本力量，一般都認爲如果動到命氣，就有生命危險，上行氣就是往上行的氣，如打隔、說話，下行氣就是往下排的氣，如放屁、排泄等等，平住氣是左右移動的，遍行氣是指能使身體活動的氣。

「脈」是呼吸所通過的氣道，我們體內分泌物所流經的管道也屬於脈。在脈方面，基本上是講三脈七輪，三脈是指身體左、右、中三脈，七輪則是指頂輪、眉心輪、喉輪、心輪、臍輪、海底輪、密輪。這七個脈輪皆有其支分機構，擴展到全身就有七萬二千細脈。

「明點」是指身體裡的精華，所有的內分泌都是明點，如唾液等，舍利也是明點所生，明點是增長生命的精華。

一般將明點分爲四類：一、物質明點，二、風明點，三、咒明點，四、智慧明點；物質明點是我們的內分泌與精血，風明點是氣，咒明點是眞言及種子字，而智慧明點則是無上瑜伽部所特有的。

中脈

◆智慧開啓後的無為脈

中脈是智慧開啓後的無爲脈，中脈顯現之處，是在我們身體幾何結構的正中部分純粹幾何中心點。這純粹是在無爲、無我、無執的狀況裡自然所產生的中心點。眞正的中脈開發之後，不只能增長智慧，而且也能引發身心的微妙變化，但這是由智慧總攝身心所引發，雖然在某些現象上，與世間氣脈的開發類似，但是本質還是不同的。

我們的身體是由根本無始無明的我執，糾纏了時間空間的意識造作而成。而中脈和一般世間的脈不同，它就是無爲法，是無作意，是由空性所出生的實相中脈。

所以我們肉身所有的脈都是來自我執，從出生到成長，整個生理上，有男女的分別，身體裡有種種身脈，有男脈有女脈，也有整個身體的循環、血脈種種，這些都是屬於凡夫的。

凡夫的脈如果產生障礙就會生病，所以我們可以從脈相上看出病相。這是屬於欲界的肉身。脈有脈相，這些脈如果通達的話，我們在生理上就健康了。由這生理上的脈慢慢修行，修到最後超越欲界時，會變成理性身，也就是所謂色界身。

色界身有色界身的脈，色界身脈的產生是依於我們這個肉身。色界身的脈是純陽之脈，所謂男不知男，女不知女，道家所說的乾坤復其本位，斬赤龍、降白虎指的就是這種現象。

在佛教則是指進入初禪以上的境界。從欲界身要進入到初禪的色界身之前會有未到地定的境界，如果是修學數息法門，修至此境界時，我們以心眼觀察這個肉身，會察覺到身消失了。

這是指內在肉身的消失，而不是外在的色身消失。這代表內在的中陰已經轉換，從欲界身轉爲色界身。

所以在色界的純陽脈其實是託借於色界中陰的脈。

從欲界到色界，會造成我們身心很大轉換，而轉成另外一種脈，這脈在道家稱爲純陽脈，在佛教則是初禪中陰的脈。而在婆羅門教的脈輪，則稱之爲恰克拉。

婆羅門教所說的中脈和佛法所說的中脈不同，婆羅門教的中脈是說身體中節有一個中空地帶，如同馬尾巴線一般，佛法所說的中脈是一種無爲脈，由空性所出生的。

而一般的脈，即使修到色界還是屬於有爲的脈，從這些有爲的脈再轉化，再昇華，直到肉身消失之後達四空定，即到達所謂的無色界。

無色界是由我執所構成，它是一種純粹的意識思維體，這種意識的運動也是一種脈，這種脈也是來自執著。雖然它沒有肉身的支持，但是這種運動的過程也是一種脈，這種心脈是過程還是位在煩惱的範疇之內。如果是尚未修行、不曾開悟的人，託寄於欲界的、或是色界的，乃至於無色界的脈，本身都與中脈無關。

中脈是智慧開啓後的無爲脈，而欲界、色界和無色界的脈本身是屬於有爲脈，是執著的脈道。

一般而言，要達到初地以上的證量才談得到中脈的開發。業劫氣完全停止，中脈開口將現起時，會有氣住脈休的現象，但要注意，氣住脈休不一定表示中脈開發。中脈開發，一定是在業劫氣完全停止、智慧氣生起時才會發生，這完全是般若正智力量所致。

若以大手印而言，要達到此境界，至少要達到大手印的專一瑜伽以上的境界，得到根本智；在大圓滿裡則要達到且卻，也就是立斷頓住法位的證量，如此中脈才能開發。

只是，禪宗、大手印、大圓滿各有方便，並不透過三脈七輪的觀想來成就。禪宗的開悟有以銀碗盛雪、露地白牛，來顯示悟境，當悟境現起時，必定有氣住脈休的現象。此時，行者聽一切音聲、皆是現觀現聽，當下過即無痕，時間、空間完全統一、完全如幻了。

中脈的現起是如幻現起，法性相應此緣起而現起，無有執著，這才是如幻現起。

在小乘而言，就是得到法眼淨，即初果以上才會有中脈的顯現。中脈是智慧生起之後，整個身心的昇華屬於心靈純粹無爲之下的一種產物，這是法界上的祕密。它在我們肉身上也會造成影響，這是緣起上的祕密。

寶瓶氣

◆無上瑜伽部練氣的方法之一

寶瓶氣爲藏密無上瑜伽修練氣的方法之一。又譯爲「瓶息」、「瓶風」、「壺形氣功」、「風瑜伽」等。修持呼吸時以閉氣爲要，分爲吸、滿、消、射四步驟。在《明行道六成就法》中的〈靈熱成就法〉中，謂之爲引息、滿息、均息與射息。

(1)吸：又稱「引息」，即吸氣法。

(2)滿：又稱「滿息」，即閉氣法。

(3)消：又稱「均息」，即散氣法。分爲內消、外消二種。

(4)射：又稱「射息」，即衝氣法。

這方法涉及生理及遷識，如修習不得法，不但無益反而有害，所以必須尋找明師學習。

九乘次第

◆西藏佛教指寧瑪派修學的九種次弟

九乘次第爲西藏佛教寧瑪派主要教義之一，指修學的次第。即⑴聲聞乘，⑵緣覺乘，⑶菩薩乘，⑷作密，⑸行密，⑹瑜伽密，⑺大瑜伽密，⑻無比瑜伽密，⑼無上瑜伽密。

此中，第一、二、三乘概括顯宗各派，被認爲是化身佛釋迦牟尼所說，寧瑪派稱之爲「共三乘」；意指顯、密二宗所共有的修習內容。

第四、五、六乘，被認爲是報身佛金剛薩埵所說，寧瑪派稱之爲「外密乘」或「無上外三乘」；三者相當於西藏其它教派所說的作部、行部、瑜伽部。

第七、八、九三乘，被認爲是法身佛普賢所說，寧瑪派稱之爲「內密乘」或「無上內三乘」；此三者相當於西藏其它教派所說的無上瑜伽部。

而第九乘無上瑜伽密又分爲心部、自在部、教授部，即寧瑪派所說的「三部」，後皆包含在「大圓滿法」中。

至於修習次第，寧瑪派認爲「共三乘」是人人皆可領受的；「無上外三乘」則須受過祕密灌頂者方可修習；「無上內三乘」更須經大師授予各部大灌頂者始可修習。

佛慢

◆真實的佛慢是現觀衆生全佛

佛慢是指行者完全斷除一切下劣想。雖然衆生本具如來體性，卻不敢成佛，不敢承認自己是佛，這是最大的下劣想，必須斷除。

而眞正斷除此下劣想就是了知一切平等平等，諸佛與衆生平等無二，這才是眞實的佛慢，而非認爲只有自己是佛，其他人都是衆生，這樣想的話是我慢，不是佛慢。

佛慢的基礎是建立在如幻三摩地之上，現前本尊觀，本尊和如幻相應。如果只有本尊瑜伽而沒有空三摩地的話，那麼這種本尊觀就和一般的大梵的觀法沒什麼不同。

眞正的佛慢是現觀一切平等，現觀自身是佛者，必然現觀衆生亦是佛；自身中圍即是四大曼荼羅，一切衆生亦是如此，一切世界都是如此；佛慢堅固絕不是只認爲自己是佛，其他人都是衆生，而是現前現觀衆生是佛。

佛與衆生的體性是一切平等的，行者現觀衆生全佛，如此才是眞實的佛慢。

赫魯葛

◆密教中以東方部族所化現的忿怒尊

西藏密教中以東方阿閦佛部族所化現的忿怒尊。一般多作擁抱明妃的雙身相，亦有單作一尊者。其形相通常爲青色，臉呈忿怒相，牙、舌露出，有三隻眼忿怒充血，頂上戴飾頭蓋骨的頭冠，身上披有虎皮或蛇皮。此尊另有同體異尊之稱，名稱不同，其臂數及妃之名稱亦異，各有獨立的怛特羅及成就法（sādhana），眞言或異或同，種子字則皆爲「吽」（hūṃ）。

據《大悲空智金剛大教王儀軌經》卷八〈大相應輪品〉所述，喜金剛的曼荼羅，係以赫魯葛喜金剛爲中尊，四周配以八明妃，即東配遨哩（gauri），南配隬里（gaurī），西配尾多哩（vetālī），北配渴三摩哩（ghasmarī），東南配卜葛西（pukkasī），東北配設嚩里（Śabarī），西北配贊拏哩（caṇḍālī），西南配努弭尼（doṃbī）。或再配以上方之空行（khecarī）、下方之地居（bhūcarī）二明妃，合

赫魯葛喜金剛的尊像

為十明妃。

西元八、九世紀左右的密教思想家智足（Jñānapāda），曾經著二部《赫魯葛成就法》（Heruka-sādhana），又，依西藏史書所載，當時的西藏有許多供奉赫魯葛的寺廟。由此可知，赫魯葛信仰在八世紀時已經盛行。

此外，對赫魯葛尊的崇拜，與較早的文殊菩薩的信仰有密切關係。現在西藏及其周圍地區存有許多赫魯葛像，可知此等地方在後世仍然崇信赫魯葛。此外，《成就法鬘》及《西藏大藏經》中，收錄有赫魯葛的成就法。

傳召法會

◆西藏佛教的法會

傳召法會為西藏佛教的法會，意為大祈願法會和會供法會。又名傳大召、大神變節、大祈願法會、元宵供。有默朗欽摩和充曲之分，即傳大召和傳小召。

西元一四〇九年，宗喀巴所創。此法會係宗喀巴為紀念釋尊、祝禱佛法流通，國家安穩，作物豐收而倡行的法會。

法會期間，近郊的二萬餘名僧侶，聚集在拉薩的大昭寺，舉行二十一日的法會，且宣講、辯論佛法。其主辦權原屬格魯派，十六世紀格魯派與噶瑪噶舉派對抗，其後十九年由噶瑪噶舉派主辦。後由於達賴二世根敦嘉措的關係，格魯派再度獲得主辦權。到達賴五世洛桑嘉措時，法會中開始有辯經（辯論佛經之法義）的活動，並藉此活動自三大寺的僧徒中選取頭等格西。

宗喀巴發起舉辦的拉薩傳召法會，原來是純宗教性。但自從五世達賴羅桑加措於西元一六四二年建立甘丹頗章的「政教合一」政權以後，純宗教性的傳召法會逐漸增加了其他方面的內容。

首先是將原來從藏曆元月初一至十五的傳召時間，改為藏曆元月初三至二十四日。

在元月二十四日傳召法會結束時，增加除祟驅鬼儀式的「默朗朵甲」。規定由甘丹赤巴（格魯派承傳宗喀巴衣鉢的法主）主持，領同布達拉宮的朗杰扎倉和哲蚌寺阿巴扎倉的密教僧眾念驅鬼經，及由當時蒙古固始汗軍隊的元帥率領五百騎兵列隊遊行，燃燒「朵馬」，向拉薩河南岸鳴放火銃以示驅逐魔鬼。後來舉行這一儀式時，五百蒙古騎兵和元帥則由貴族的奴隸們來扮演。

元月二十五日清晨，參加傳召的僧眾還要舉行迎請未來佛（彌勒佛）強巴通真儀式。即：將大昭寺內的銀質的強巴佛像，抬出寺院繞行八廓街，接受信眾們的朝拜。

在整個傳召法會期間，五世達賴規定由哲蚌寺措欽協敖（俗稱鐵棒喇嘛）從元月三日起接管拉薩市政大權。在這一特權中又規定了各種烏拉差役，使得農奴們增加了不少額外的苛捐雜稅。

「充曲」即會供法會，俗稱傳小召。開始於西元一六八二年。係第巴桑杰為五世達賴羅桑加措舉辦的年祭。在每年藏曆二月下旬舉行，剛開始為期五天，後來每一世達賴喇嘛圓寂，即將法會延長一天。

傳小召亦在大昭寺舉行，由哲蚌寺鐵棒喇嘛主持。除舉行各種佛事法會外，還要通過辯經，對措讓巴格西（二等格西）進行複試。最後一天舉行「充曲捨章」，意為供寶會（即藏曆二月三十日）。這一天，布達拉宮要抬出錦緞繡成的、三十多丈高的大佛唐卡，供信衆朝拜。三大寺的僧侶們也要在這一天抬著珍藏的歷史文物、樂器、祭器、幢幡寶蓋等珍貴法物，列隊從大昭寺出發，繞拉薩古城一周，經布達拉宮、小昭寺重返大昭寺，表示以珍貴的寶物供佛，以招來一切祥瑞。供寶儀式完畢，會供法會即告結束。

結界

◆劃定一定區域以從事修法活動

結界（梵sīmābandha），㈠可指僧尼為使其戒行無缺失而區劃一定的區域以從事修持活動，稱為結界。可分為：

⑴攝僧界：為集聚僧侶以行布薩會供等行事，而劃定的某一特定區域。有自然界與作法界之別。前者為：以自然界中的特定場所為界。具體而言，即聚落界、蘭若界（村莊外的安靜場所）、道行界（僧侶遊行時可依所住之處縱橫一拘盧舍為界）、水界（水所流經處）。作法界：指僧侶用來作法事的地方，依其作法可劃分為大界、戒場、小界。

⑵攝衣界：又作「不失衣界」、「不離衣宿界」，即於一定之界區，允許比丘離三衣經宿而不違犯「離宿過」。佛制僧戒，比丘應常持三衣，隨身為法。但有病比丘不堪時時攜行三衣，因此制此「攝衣界」，在一定的範圍內，無須時時攜此三

衣，以免違犯離宿之過。

⑶攝食界：僧侶爲使其貯存食物或烹煮食物時，不犯宿煮之過，所劃定的區域。

㈡指伽藍的區域，或劃定堂塔、伽藍的區域。

㈢指密教於修法時，爲使魔障不入，所劃定的區域。該劃定區域稱爲結界地。如日本之高野山、比叡山。

㈣指禪宗所區劃的，作爲修行道場的一定區域。

㈤特指禁止女性、魚、肉等進入之處。該記號之石塊稱爲結界石。如日本三鈷寺門外有石碑，刻有「不許女人、魚肉、五辛等，妄入山門。」

唐卡

◆西藏特有的佛畫美術形式

西藏特有的美術形式之一，指裱褙爲卷軸式的佛畫。「唐卡」的原義是「捲起來」，卷軸畫稱爲「唐卡」即在強調其上捲的形式；所以唐卡的收存有一定的規則，需由下向上捲成一束。

唐卡的繪製始於七、八世紀，盛行於十二世紀，據說是源於印度說書人講故事時懸掛的掛圖。其題材主要有畫傳（如佛傳、祖師傳、大法師傳）、肖像畫（如釋迦牟尼像、藏王像、歷代法王像）、偶像畫（如度母像、天王像、金剛像）、史話（有文成公主進藏、達賴五世覲見順治皇帝等）、民俗畫（有百戲、樂舞、祭祀等）、建築畫（如大昭寺全圖、修建薩迦寺圖）、宗教活動（有跳神、法會、說法等）、器物類（有法器、佛具、樂器等）、動物畫等。

大體而言，唐卡具有三種不同的目的及用途，第一種是修行用的唐卡，其主要作為喇嘛觀想及禮拜之用；第二種是莊嚴用的唐卡，由在家信徒自行繪製，或請畫師描繪，然後獻給寺院莊嚴佛堂，以獲取功德。第三種是弘法用的唐卡，即在大市集或寺院的前面，將繪有蓮華生大士生涯及阿彌陀佛淨土的唐卡，展現在村人及巡禮者的面前，並由喇嘛僧或俗人以歌唱或朗讀故事教化民眾。

唐卡通常是長條形，其尺寸有詳細的規定，但是，古式的唐卡近乎正方形，而新式的唐卡，不依照規定去繪製的也很多。

唐卡的表現型態有數種，筆者參考圖齊（Tucci）的研究，將其歸納為四種：⑴彩色唐卡，⑵金色唐卡，⑶刺繡唐卡，⑷印刷唐卡。

第一：「彩色唐卡」，即一般所見的唐卡，其製作方式是在線畫上繪有紅、藍、黃、綠等顏料。目前，在列城郊外的手工藝中心所教授的就是這種唐卡的製作。

第二種的底色為金色，所以稱為「金色唐卡」。其畫法有三種，其一：將全圖塗上金色，再以進一步的技法描出輪廓線，並加上點綴；其二：在一般的彩色唐卡上，以金線描繪；三為：先將全圖塗上黑色，其上以金色描出圖案。

西藏的唐卡

第三種是刺繡唐卡。作品雖不多，但仍存有優秀的作品。據說此種技法傳自中國，故在拉達克的作品不多。

第四種是印刷唐卡，即直接將木版印刷的木版畫加以裝裱。

而唐卡的裝裱大致有兩種意義。對書畫本身作強化和裝飾的作用。對於搬運、捲收、展開的唐卡而言，裝裱的強化作用具有很重要的意義，若說裝裱的好壞能決定其壽命的長短，也並非過甚之詞。

第三章 密宗的修持法門

十八道

◆事佛供養本尊的修法

十八道是事佛十八道，是日本眞言宗的基本修法，是密教僧侶在受傳法灌頂前所必修的四種行法之一。

事部行者一天要修下列十八法：

一、清淨罪障，使行者能更近諸佛。
二、請佛部的佛陀來清淨自身的惡業。
三、請蓮花部的佛陀來清淨自身語之譭謗業障。
四、請金剛部的佛陀來清淨自身意之邪見業障。
五、披金剛甲冑以護此清淨身。
六、於行者隱居所環布金剛網。
七、將關房圍以金剛牆。
八、觀佛壇城即住此關中。
九、觀虛空藏菩薩嚴飾此壇城。
十、觀想遣車迎佛。
十一、正確地引車乘駕入壇城。
十二、車乘入壇後迎佛。
十三、將壇城佈滿智火。
十四、灑蓋金剛網於壇城。

十五、將壇城內部佈滿智火。

十六、供聖水請佛沐浴。

十七、供蓮花座。

十八、獻各種妙供。

透過這些儀軌規定，一層一層漸次深入，要如何頂禮、叩頭、禮拜，這所有的儀軌過程就宛如人間的禮儀一般，其中又有幾點幾分要怎麼搖鈴、打鼓、唱誦等等，何時作什麼，另外一時又要作什麼。

這就宛如外交部的禮賓司一樣，迎接總統有國家的大禮，總理、院長、部長、將軍的禮儀，一套一套，絲毫馬虎不得。這些外在儀軌都很複雜，但爲的是要去除我慢，要大家以至誠之心來行儀。

從自身的清淨，到迎請法，最後到迎請本尊。這樣一尊尊的迎請，再加上每一個繁複的儀式中，特別的飲食、供養等咒法和修法，此外，還有不少的法器、工具，更加添其繁複的程度。

月輪觀

◆密教的重要基礎觀法

密教的基礎觀法，由印度善無畏阿闍梨傳入，又稱為淨菩提心觀。

在密法觀想本尊時，都會先行觀想月輪，再現起本尊。

一般行者可能將月輪的觀想，當作例行的儀式來觀想，而沒有加以注意。

其實，月輪觀是本尊觀的重要基礎，因爲月輪代表清淨的菩提心，只有透過清淨菩提心，我們才能如理、如實的現觀本尊。因此，月輪其實是一切密法的重要基礎。

月輪觀是行者觀想自心的本質如同圓滿月輪，而得以親證本心的清淨體性。

月輪觀在東密受到極大的重視，從月輪觀乃至在月輪中觀想梵文的阿字的阿字觀，都是根本而重要的法門。其實，也只有時時體悟心月輪的心要，才能圓滿的本尊觀。

佛法中，心月輪代表法性、本淨，也代表寂滅、淨菩提心。在密教、禪法的流傳中，變成重要的象徵。

阿字觀

◆開顯自心佛性的菩提心觀

阿字觀是觀想印度悉曇字 𑖀（a，阿）字的修行方法，又稱爲阿字月輪觀、淨菩提心觀或一體速疾力三昧。

阿字觀是印度純密時期，密教最基本、最重要、最具代表性的觀想法門。這個法門傳入中國後，再由中國傳至日本，成爲最重要的法門。

在悉曇字當中，阿字是五十字中的第一字。所以，密教視之爲衆聲之母、衆字之母，並認爲一切教法都是由阿字所生。

因此，在《大日經》當中稱之爲「眞言王」或「一切眞言心」。另外，密教稱「阿」字是一切語言、文字的根本，含有不生、空及有等多種意義，其中最重要的是「不生」之意。由此而稱阿字是萬法的本源，諸法體性的本初，但是自體卻本然不生，是諸法實相的理體。

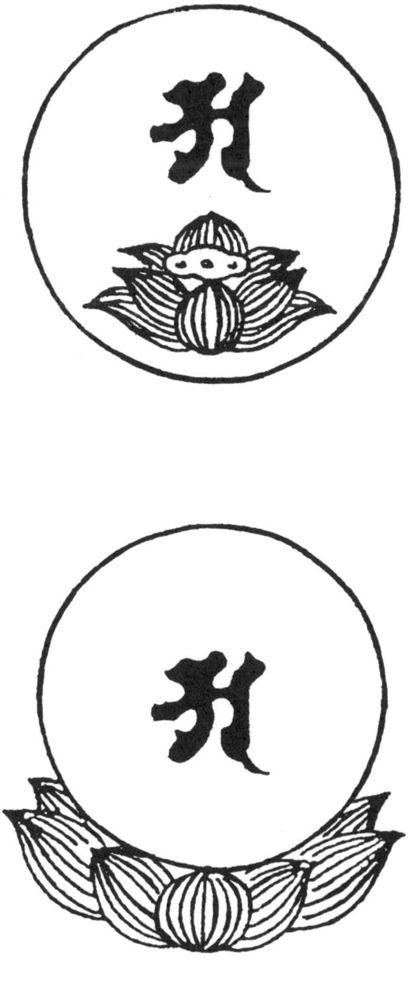

阿字觀

在此，密教將宇宙萬象都歸於阿字之中，認爲一切事物，就體性而言是本來不生不滅的。

所以阿字觀，就是觀想阿字，以證得諸法本不生之理，開顯自心佛性的菩提心觀。

另外，密教菩提心觀的要旨，是在於觀想阿字、蓮華與月輪三者。其中阿字是菩提心的種子，也是我們所觀的本尊，表示行者本有的菩提心；蓮華及月輪則代表三昧耶形。

而事實上，本尊、月輪、蓮華三者的組合，是一切密教本尊觀想中的根本要素。在一切密法的觀行中，基本上都以這三者構成。

阿字觀在修法上，有聲言、字形與實相等三種觀法。其中觀聲音，是指我們每次的出入息中，都唱念阿字的聲音。觀字形，是觀想阿字的字形。觀實相，則是觀想阿字本不生之理。

觀想時，可先透過阿字觀的本尊圖像，將圖像掛於修行者前方，然後觀想阿字的聲音、字形及實相。到最後體悟身外所觀想的阿字本尊，即是我們自心的影像．

因此，這時可以不觀想圖像的本尊，而直觀自心本具的阿字、蓮花、月輪。而將已觀成的虛空法界阿字，引入自心之中。

修習阿字觀純熟時，行者自身與阿字成為一體不二時，自身是阿字，以阿字自觀阿字，阿字入於阿字，阿字宣說阿字，法界全部都成為阿字本然不生。這種境界稱為「阿字瑜伽悉地」。

五字嚴身觀

◆以地、水、火、風、空五輪來莊嚴建立自身

五字嚴身觀又稱爲五大成身觀、五輪成身觀或五輪塔觀。在密法中，視法界爲地、水、火、風、空、識等六大所成。

五輪塔觀是密教的眞言行者，以地、水、火、風、空等五大五輪，來莊嚴建立自身，並觀察自身爲大日如來體性的行法，是密教中建立佛身、法界身的極要觀行。

而其中所謂的五字，是地、水、火、風、空五大，在梵字中即是阿𑖀、鍐𑖪𑖽、嚂𑖨𑖽、唅𑖮𑖽、佉𑖏𑖽五字。我們在修法時，將「阿」字布於下身，「鍐」字布於臍上，「嚂」字布於心間，「唅」字布於眉，「佉」字布於頂輪，即是成爲法界自身的地、水、火、風、空等五輪。如此修持，不只能滅除一切罪業，連天魔也無法加以障礙；終究能成就無上的果位。

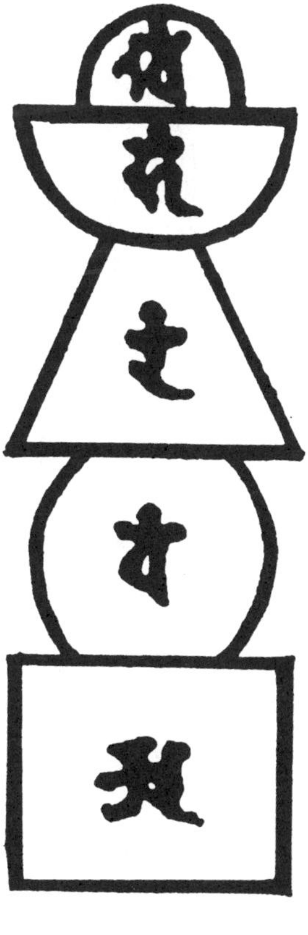

五字嚴身觀的五輪塔

因此，在《大日經》卷五的〈秘密漫荼羅品〉中說：「眞主者圓壇，先置於自體；自足而至臍，成大金剛輪；從此而至心，當思惟水輪；水輪上火輪，火輪上風輪。」

這就是要修習眞言瑜伽者，觀察自身爲地、水、火、風、空等五輪塔的修持根本。修行者以自體即爲圓壇漫荼羅，與大日如來的法界自體無二無別，所以我們直觀自身即是五大成身的五輪塔。

五相成身觀

◆金剛界的根本大法

五相成身觀是密法中金剛界的根本大法。五相成身觀又稱爲五轉成身或五法成身，這個法門的基本，即建立在無上菩提心上。

透過五相次第的修行，能讓我們成證圓滿的佛身。

其實在密法中，如果不能體悟五相成身的內在理趣，並如理的修習，是無法通達眞言密教及金剛乘秘要的。

五相成身觀在金剛界法門中的地位，可對應於胎藏界中的五字嚴身觀，而成爲金剛界即身成佛的要道、頓證菩提的無上秘門。

如果以《金剛頂一切如來眞實攝大乘現證大教王經》的意旨看來，五相成身觀雖然是從顯教入密教的正機受法修行者所運用的法門，但是直修眞言密教的行者，也不能不修習此觀法。

因此，在《金剛頂經》中記載，當修行者證入性空觀，阿娑頗娜伽（無識心）三摩地時，現觀一切諸法皆空，不見自己的身心相貌，自思如何安住於眞如實際而成佛時，從定中起身問佛。這時，一切如來即異口同聲的授以五相成身觀。

五相成身觀透過：1.通達菩提心，2.修菩提心，3.成金剛心，4.證金剛身，5.圓滿佛身等五個次第，而即身成佛。

在這過程中，從心到身，透過菩提心的通達與調鍊，而回證無比圓滿的自性金剛心，並以此金剛心而調鍊我們父母所生身，即身成佛道，而圓滿佛身。

本尊觀

◆修學本尊的身語意之法門

佛教各宗出於同源，但是各宗之間別有判教。因此，雖然密咒、觀想與調鍊身息的方法是共通的，但是密教特別將之組織化、深刻化，使身、口、意三業的修習，從因位次第上的修持，調整爲依如來果位的身、口、意的三密加持，來成證果德。觀想本尊的相好莊嚴，以本尊的加持力與行者的功德力互爲一體的本尊觀，是密教的特別方便。

本尊觀是以念佛法門爲根本，如幻三昧爲中心，從如來的身體語言三密果位上直接加持成證果德；所以密乘又自認爲果乘，以別於顯教的因乘。

後期密教依本尊瑜伽繼續發展，而從現身生起佛慢，建立生起次第成就化身佛，並依現前內身的氣、脈、明點修習，而成證圓滿次第的報身佛。

在修本尊觀時，僅配合空三摩地是不夠的，還要有如幻三摩地，及大悲心的推動，否則徒有本尊的外相，沒有本尊的心，沒有悲沒有智，這不是圓滿的本尊觀修法。

具足空性之後，要達到佛智，本尊瑜伽現前時，一定要悲心相應而且悲心相續，如此觀五方佛，才能直接現起殊勝因緣。空三摩地和本尊瑜伽觀兩者結合起來，佛慢堅固，斷除一切下劣想，生起一切平等觀，如此就不會產生種種不了解佛慢體性的想法，才能達成本尊觀的成就。

六成就法

◆指拙火、幻身、夢修、中陰、遷識、虛幻光明等六種成就法

一般而言，所謂的六成就法是指白教那洛巴祖師所傳的拙火法、幻身成就法、夢修法、中陰成就法、遷識法、虛幻光明法等六種成就法。這六種成就法，我們一般最常聽到的是那洛六法，時輪金剛也是六法，大部分都是指這六法成就。

拙火法，就是修習忿怒母拙火瑜伽，從海底輪觀短阿字，使我們的業劫氣、脈、明點整個在智慧火中轉換的修法。

幻身成就法，是使身體直接虛幻，柔化諸業所成的堅固障礙的修法。

夢修法是晚上睡覺時要修夜瑜伽，就是夢瑜伽，這是從大癡體性中顯現光明。使整個身體轉成光明瑜伽，整個氣、脈、明點直接轉化成光明的法門。

中陰成就法、遷識法是在入滅時修持的法門。

虛幻光明法則為修學光明的法門。

拙火

◆焚燒身心障礙煩惱的清涼智火

密宗六種成就法的基本修法，也就是修習氣脈最主要的瑜伽。拙火的梵名爲kundalini或candali，音譯爲軍荼利或眞大利，而其意譯則爲忿怒母、丹田火或是靈熱，是屬於密教中無上瑜伽部及其重要的修法。

在《大乘要道密集》中對拙火瑜伽有所解說，說明拙火定是指在我們臍下之處，觀想有熾盛火焰生起，就是拙火。接著又進一步說明拙火的意義，在臍下四指之處的海底輪，俱生本有的血脈暖氣，觀想梵文的短阿 字，使短阿字成爲極尖銳而熾熱的爆發猛焰，就是拙火。

拙火燃起後，先觀想一遍滿臍輪，漸漸上升至全身，接著觀想其火如電火灼照，從毛孔中外放，滌淨自身的氣、脈、明點的不淨垢穢障礙，並且照觸宇宙，令一切衆生皆得利益，再收回臍下。

如果進而以寶瓶氣鼓動拙火，令其循著中脈上升，熔化頂輪白菩提，從頂、喉、心次降下至臍輪，能引生初喜、勝喜、離喜及俱生善等四種大智樂境，使身心得到極大的安樂而生起無分別的智慧。

因拙火引生於修學者的身體海底輪中，是本覺的火大法界體性，而穿透身體中央的中脈，打開纏縛的身心脈結，使我們得到光明的覺性智慧，與無邊清涼喜樂身心的微妙法門。

真正究竟的拙火瑜伽，其引生的力量，是要來自對宇宙生命實相的正確認知，與對衆生永遠關懷的清淨菩提心。因爲具足了智慧與悲兩種力量，才能徹徹底底的把我們本覺的生命力量，全體開放出來，焚燒我們身心的障礙與煩惱。使行者身心吉祥快樂，具備圓滿無缺的智慧光明。

生起次第

◆將自身轉成佛身的本尊瑜伽修法

無上瑜伽部的生起次第，是將自身完全轉成佛身的本尊瑜伽的修法。其修法是以空性的三摩地為基礎，加上入我我入的瑜伽前行而自行生起本尊的現觀。

生起次第所依的根本是觀想，而所觀的佛身是心、色不二及現空如幻的本尊身；透過生起次第的修證，能生出如幻即眞的眞實現象，亦即現觀起他人能見、能觸摸的本尊身。

生起次第依據瑜伽部中的五字嚴身觀與五相成身觀，建立了自身三業與本尊三密入我我入、交互映融的基礎，確立能自起本尊的心念。

並進一步透過五方如來的灌頂，確認此凡夫身現前為佛身，並能使自起佛身，能夠明顯、堅固並具足佛慢，成證化身佛。

此外，生起次第屬於初灌的法門，指我們在接受五方佛灌頂時，幻觀此身如何成爲本尊身，基本上屬於本尊瑜伽。

行者經過五方佛的灌頂，使自身具足五方佛的體性，把貪、瞋、癡、慢、疑五毒轉成佛的五智，地、水、火、風、空轉成五方佛的體性；將九識轉成九智，也就是把第九意識轉成法界體性智，第八意識轉成大圓鏡智，第七意識轉成平等性智，第六意識轉成妙觀察智，前五識轉成成所作智。

本尊觀是生起次第的主要內容，本尊觀在《菩提道次第廣論》中稱爲天瑜伽，實際上應稱爲本尊瑜伽較恰當，在此種觀法中又可分爲四種：⑴對生本尊⑵頂生本尊⑶肩生本尊⑷自生本尊。如以事部、行部、瑜伽部、無上瑜伽部而言，對這四種觀法也有不同看法。

有的認爲事部瑜伽是不作意觀想本尊，而是自然現起，或有說仍須作意觀想。行部所觀想的基本上以對生本尊爲主，即是觀想本尊在虛空中出現。瑜伽部則需要觀對生、自生本尊，因爲要修習入我我入的觀法。

在行部、瑜伽部中，都須將本尊奉還本位，而在無上瑜伽部中，基本上以自生本尊爲主，有時也作對生本尊。自生本尊是絕對不遣送的，在生起次第中隨時隨地觀想自身爲本尊，無一刻相遠離。若是觀對生本尊的話，則或奉回，或不奉回。

本尊觀主要以對生、自生爲主，而在修法中卻又衍生出頂生、肩生兩種。

對生本尊：

將萬法觀成空性後，即於此空性中行者自身對面一肘高處，觀想一成就果位的智慧本尊，以爲供養、讚頌的對象，及加持的根本，這是虛空本位之本尊。

頂生本尊：

是於修特殊法，如修百字明或頗瓦法，或觀想法時，於自頂上一箭高處，觀一肘高之本尊，與行者同一方向。亦可觀上師直接於頂上安坐，以領加持。

肩生本尊：

肩生本尊的觀法是於行走時，觀想本尊立於右肩，以示隨時隨地不忘記。

自生本尊：

自生本尊的觀法是觀想自身成爲本尊身。修習生起次第，以自生本尊爲主。下三部瑜伽中皆有遣送本尊，而無上瑜伽部對自生本尊不奉回，而是隨時隨地現觀現起的。

以上四種觀法中，行者必須了解此皆是由空性出生，是空性所生的如幻三摩地和本尊瑜伽觀的結合。

圓滿次第

◆透過氣脈明點的修持，最後證得大樂智慧身的法門

圓滿次第是以生起次第的本尊瑜伽爲基礎，調整行者染污的氣、脈、明點，並藉由九節佛風、寶瓶氣、金剛誦等氣功的調鍊，而能自在的運用自身的五氣，最後轉業劫氣成智慧氣。

接著更使智慧氣行動的三脈七輪通暢柔軟；三脈是指左、右、中三脈，七輪的三脈中的七個脈輪頂輪、眉心輪、喉輪、心輪、臍輪、海底輪、密輪，修持三脈七輪，由下而上逐輪通達的智慧脈，最後成證法身佛與報身佛。

但三脈是屬於空性的無爲脈，如果沒有開悟，見到法身，則只是假修，去除前行的障礙而已。

除了氣、脈之外，圓滿次第尙要修習明點。

圓滿次第透過氣、脈、明點的修持，最後證得大樂智慧身，圓證報身佛。

現在，可透過拙火、各種氣功的修持法，寶瓶氣的修持，讓我們的濁氣轉成智慧氣，修持成就後，就成爲智慧薩埵，所謂的報身佛，也就是讓凡夫的業劫氣轉爲智慧氣，進入智慧脈，生成智慧明點，現起智慧本尊；圓滿次第的修法主要是扣緊這個內容。

大手印

◆以般若的心髓為中心，所開發出來的教法

大手印的教法是藏密噶舉派最著名的教法，自古以來有無數的大手印成就者。

大手印梵文Mahā mudra，其原意是「大印」，並無手字，它所談的是大印契，所講的是心印。名之爲「大」，是比喻其偉大，這「大」乃是遍法界一切處大。它並非眞正的手印，這手只是一種形容詞，代表像佛手一樣珍貴。「印」是指標誌、象徵，是指我們心的標誌。

修證者可從兩個方向來證得大手印，一個是從初灌、二灌、三灌、四灌漸次修習，修到四灌即契入大手印。

另外一種就是直接從解脫道進入大手印，不必經由初灌、二灌、三灌，直接契入大手印。

而大手印法是以般若的心髓爲中心，所開發出來的教法，與中國的禪宗，有一

些相似的見地與修證。

大手印以直入於法性爲修證的核心，因爲直觀法性，與法性完全相融爲一，因此如實安住於實相中，能刹那除滅一切的分別，現前與明體合一。

也因此，大手印在直入法性中，產生了四個次第：

一、專一瑜伽：安住法性，與法性合一的悟境。

二、離戲瑜伽：遠離現悟安住法性後，產生執著悟境與眞妄的分別，而了悟一切分別皆是戲論。

三、一味瑜伽：一切眞妄、迷悟等法界分別，都現融於一味，不再生起。在行、住、坐、臥中，都安住於實相的大印，現前修習大手印。

四、無修瑜伽：一切法爾無別，沒有得與不得、修與不修的一切衆境，修時無修、無修時修，在法性盡地中，自在的圓滿。

雖然說大手印有以上的四個次第，但其實都是安住法性，法爾現起的妙境，還是無所分別的。

大圓滿

◆寧瑪巴最高解脫法門

大圓滿乃藏密寧瑪巴所特有的密教法門，是最高解脫方便、最高的修持方法，和新派密教在理論上和實踐上有很多地方不同。寧瑪派總判世出世法爲異生人天乘、顚倒外道乘，和眞實內道（佛法）乘。在內道中更分爲九乘，通常稱爲九乘次第。

九乘次第中前三乘爲因乘，即聲聞、獨覺、菩薩三乘。後六乘爲果乘，其中事乘、近乘、瑜伽乘等三乘合爲外牟尼續乘；而摩訶瑜伽乘、阿努瑜伽乘、阿底瑜伽乘等三乘合稱內大密咒乘。果乘後三乘中，以阿底瑜伽一乘和新派最爲不同，而大圓滿法門就是在這一乘中建立的。

因此，阿底瑜伽也稱無二大圓滿。它的意義是：一切染淨法統統在現前離垢明空豁朗的內證智（本覺）中完全具足，所以叫做圓滿；解脫生死的方便途徑莫勝於此，所以叫做大。

內證智又有菩提心、心性、如來藏、自然智、自然光明智等名稱。從果證來說，這自然智的本體空分即法身，本性顯了分即報身，大悲明證分即化身，三身原來在本分上具足，不必另有精勤修作即已圓滿，所以叫做大圓滿。

大圓滿的修法又分三部，即心部、界部（或譯爲自在部）、和要門部（或譯爲教授部）。這三部雖然依次略同於新派的大手印、五次第和六加行，但是寧瑪派的見解，認爲仍然比那些法更殊勝。

這三部中以最後的要門部爲勝，因爲在理論上，心部執著意度，界部執有法性，仍流於意度，而要門部能令實相自顯，故更殊勝。

而要門部又分四部：即外、內、祕密和無上。其中無上部又稱爲自性大圓滿心髓金剛藏乘，簡稱大圓滿的寧提。

寧提的傳承主要有兩系：一系是由吉祥師子傳蓮華生，再傳空行智慧海王依此傳承下來的，叫做空行寧提；另一系則由吉祥師子、智經、無垢友而傳承下來的，叫做上師寧提。二派理論大致相同，只修法方面稍有區別。

要門部中無上部的見修行果中，寧提法又名證智自顯妙道金剛藏大祕密乘。大圓滿法的全部已勝於下八乘，而這一部法又是大圓滿中最深法門，爲大圓滿的極頂，所以比大圓滿中其餘法門還要殊勝。

在佛法的詮釋上，有時從正面直顯，有時從反向遮破作論，現在論大圓滿的特色，亦可從此二面來看。

反向遮破來看，大圓滿具有四個特色，這四個特色如果以佛法中所講的見、修、行、果四個觀點論：第一、不立一切見，第二、不立一切修，第三、不立一切行，第四、不立一切果。即是見、修、行、果四者都不立，這是了解大圓滿一個最簡單的特質。

此外，從正面直顯來看，大圓滿具有肯定的四個原則：自生、自顯、自解脫、自然。大圓滿代表一切本具，本來清淨。立大圓滿見，證入大圓滿的時候，就掌握到法性的本體，一切現前大圓滿，一切都是自生。

進入大圓滿時，必須有一個方向來導引，因爲進入大圓滿時，是全部都是一如的，就連引導行者進入大圓滿的上師，也一同融進去了，因爲上師也是法性所顯，所以可以說是自授灌頂，連上師都不是實際存有。

因此，在《喜金剛本續》說：說法者我法亦我，一切聽法大衆皆是我，圓融自在大圓滿。說法者我法亦我，聽法大衆亦是我，灌頂我者亦爲我，一切法性自顯現。這是站在最終果位的立場所講的。

若就第一義諦的本位來說，亦即就成佛的意義來講，就不能講有佛可成，因爲一進入佛的境界，就無實無有佛可成，但在未入佛境之前，則有佛的境界可成，所以大圓滿法爾自生的灌頂亦如是。

第四章 密宗重要的祖師大德

龍樹

◆印度大乘佛教中觀學派的創始人

龍樹（約西元一五〇～二五〇），梵名Ngrjuna，音譯亦有那伽閼剌樹那，傳說他的老師姓龍，他是在樹下出生而得名。爲印度大乘佛教中觀學派的創始人，也是密教的開創者和各派的共祖。

關於龍樹的年代有許多說法，大約於西元三世紀左右，此時的印度佛教界呈現異派分立的混亂狀況，思想先進而銳利的龍樹，便熱切地希望創立一個新的教派。

龍樹是南印度的婆羅門貴族，從小聰穎過人，精通四吠陀、天文、地理、圖緯秘藏，以及各種道術。年輕時曾與友人共習隱身術並一起進入王宮，欺凌國王的宮女，由於事跡敗露，同行的友人無不慘死，只有龍樹逃過一劫。

由於此事的因緣，龍樹感悟到愛欲為眾苦的本源，便入山詣佛出家受戒，廣學三藏及大乘經典。

其思想可分為兩方面，一是代表般若中觀方面的《中論》、《百論》、《十二門論》等；一是代表廣大菩薩行的《大智度論》、《十住毗婆沙論》等。

龍樹犀利的思想，滔滔的辯才，使許多外道論師望而止步，也因此，龍樹菩薩便生起我慢之心，自立新的戒律，也不再穿著傳統出家人的服裝，儼然重新建立一個新教派。當時大龍菩薩悲憫他，便引領龍樹菩薩到龍宮去。龍宮裡有無量的大乘經典，龍樹菩薩便在其中停留了九十天，廢寢忘食，通解甚多，深深體悟大乘經典的奧妙之義。

龍樹尊象

後來，在南天竺獲得國王的護持，而大弘佛法，廣造注釋大乘經典之書，樹立大乘教學體系，使大乘般若性空學說在全印度廣爲傳布。

龍樹晚年之後，退隱於南印度黑峰山。關於他的死，有各種不同的傳說：有人說是因爲龍樹菩薩鋒芒太露，引起小乘法師嫉恨，不願龍樹菩薩久住世間，龍樹菩薩知道了以後，便入室坐滅。

另外一種說法則說龍樹菩薩是死於政治鬥爭之中：當時南天竺王子急著想登基，但是國王仍然健朗，王子聽說這是由於龍樹菩薩傳授國王不老之術的緣故，於是王子身邊的人就獻上計策：「龍樹菩薩是一位菩薩行者，如果您向他乞頭，他也會給的。」王子果然向龍樹菩薩乞頭，菩薩也如王子所願。龍樹菩薩一死，南天竺王也因哀愁而日漸衰老，不久就去世了。

龍智

◆密教付法的第四祖

龍智，梵名Ngabodhi。根據密教的傳說，他曾向龍樹學習密教，成爲密教付法的第四祖。

更有傳說他能自在無礙的上天入地，神力不可思議。他有時在南印度弘法利衆，有時遊化師子國，度化有緣大衆。

另外又有一種說法，說龍智本來是印度東方芒哥拉的婆羅門族，因爲家裡貧窮，受到龍樹以黃金救濟，如此三次，後來便依止龍樹出家，在三年中通達教法。

後來，龍智回到南天竺，歸隱在龍樹住過的黑峰山，不知所終。於是大家便傳說龍智在吉祥山獲得不死的神力，以定身留住，與日月共存。

貞元二十二年（西元八〇九年），弘法大師在大唐長安的醴泉寺遇到般若三藏、牟尼室利三藏，以及南天竺的婆羅門等，都曾聽說龍智當時仍在南天竺傳授密

龍智阿闍梨像

法。西藏所傳的《龍智傳》中，甚至說龍智爲了代理龍樹菩薩，將丸藥、眼藥、諸寶、神通足等八大悉地施與衆生，所以常住吉祥山。

誠然，對於崇仰龍智的人而言，龍智雖然逝世了，卻永遠存活在他們的心中。

善無畏

◆善無畏所傳的胎藏部密法，現今仍在日本流傳

善無畏（西元六三七～七三五），梵名ubhakarasimha，音譯爲輸波迦羅，直譯爲淨師子。西元六三七年，唐太宗貞觀十一年生於東印度的烏荼國。其遠祖家系是出於釋尊的叔父甘露飯王，爲釋迦族的後裔。他的祖先曾經是摩揭陀的國王，後來因國難而出奔烏荼國。當時的國王名叫佛手，推行仁政，極得民心，善無畏就是佛手王的皇太子。

佛手王駕崩之後，大臣遵照國王的遺命，從諸位王子之中，挑中了只有十三歲的善無畏繼承王位，引起其他兄長不服，起兵造反。善無畏雖然鎮定指揮，仍然被流箭所傷。他於平亂之後，將王位讓於兄長，決意出家，皈依佛道。

善無畏退位之後，向南行至海濱，覓遇殊勝招提，得悟法華三昧。又由水路交通遊歷諸國，密修禪觀。

善無畏阿闍梨像

後又從陸路進入中印度的摩揭陀國，謁見國王。因爲當朝的王妃剛好是善無畏的姊姊，所以國王以及貴族們對他倍加禮遇。

當時的那爛陀寺，有一位長老名叫達摩掬多，通達密教，已得悉地（成就），屢次示現種種不可思議的事蹟。善無畏聽說了此人的事蹟後，就前去拜師，親近事奉，專心窮研密教的精文。後來受其師灌頂，成人天之師，號稱三藏。之後，他便巡禮錫蘭的大覺寺、靈鷲山等聖蹟，並摧破當時橫行印度的各種外道。有一天，達摩掬多對他說：「汝與震旦有緣，今可行矣。」三藏聽了之後，便步上前往中國開闢密教的旅程。

善無畏由迦濕彌羅國，出烏仗那國，再越過印度國境的山區，進入中亞細亞，到達突厥甘汗居住的素葉城，通過吐蕃（西藏）的天山北路抵達西州。唐睿宗皇帝特別勅令僧若那及將軍史獻到玉門關迎接。一直到唐玄宗皇帝開元四年（西元七一六年）善無畏才到達長安。這時善無畏已經八十歲了。

唐玄宗禮其爲國師，詔令其安住於興福寺，後又移到西明寺。開元五年，他奉詔在菩提院譯經，譯出《虛空藏菩薩能滿諸願最勝心陀羅尼聞持法》一卷，沙門悉達擔任譯者，無著綴文筆受。從此以後，善無畏便致力於翻譯經典。

善無畏與金剛智同爲將密教傳來中國之先河，共同奠定密教的基礎。密教的根本聖典《大日經》，就是由善無畏口述，一行記錄編纂而成，並且加以註釋，稱爲《大日經疏》，共有廿卷。

此外，他並翻譯了《蘇婆呼童子經》、《蘇悉地羯羅經》等重要的密教經典，並介紹灌頂的修行方法。他還將《大日經》內的密咒逐字以漢音對譯。因爲密教重視音聲、文字，爲了求念誦、觀想精確，所以才這樣做。値得注意的是，當時善無畏在教學時，就已經同時教授梵文拼法，講求「悉曇」之學。

除了譯經、教學外，善無畏也擅長工巧藝術，相傳他曾自製模型，鑄造金銅靈塔，非常莊嚴。他所畫的曼荼羅尤其精妙。

善無畏不但翻譯密教經典，還傳有一部《無畏三藏禪要》，這是他和嵩嶽會善寺的敬賢對論佛法，由西明寺慧警記錄。

開元廿年，善無畏奏請歸國，但未得准許。開元廿三年示寂，世壽九十九，法臘八十。玄宗哀悼不已，追贈鴻臚卿，葬於龍門西山廣紀寺。

一行

◆得承金胎兩部密法的大阿闍梨

一行（西元六八三～七二七），原籍魏州昌樂縣人，俗姓張，名遂，是唐朝初年功臣張公謹的後裔。一行自小天資聰穎，過目不忘，相傳他在四、五歲時就不太與其他小孩玩耍，成熟穩重，時人以神童稱之。他在廿歲左右，就已經博覽經史，精通曆象、陰陽五行之學。

有一次，他在幾天內就寫成了《大衍玄圖》及《義訣》各一卷，內容在闡釋揚雄的《太玄經》，這使他得到名藏書家尹崇的稱譽而聲名大噪，當時正值武三思獨攬朝政，四處攏絡人心，想與一行結交，但是一行輕鄙他的行徑，所以避而不見。

後來，一行到嵩山去，正好聽見普寂禪師在嵩山弘揚禪法，大為感動，就皈依普寂禪師，落髮出家。有一天，普寂禪師舉行法會時，請當時隱於山林的名士盧鴻來撰寫法會的序文。盧鴻寫完之後，請普寂禪師修改，普寂禪師就叫一行過來。盧

一行阿闍梨像

鴻正在納悶時，一行便將這篇序文接過來看，一邊當衆朗讀，一邊動筆修改。盧鴻對其修改的內容十分稱讚，誰知道更奇妙的是一行竟然在看過一次之後就能背誦這篇文章。盧鴻更訝異了，就對普寂禪師說：「一行實非你所能教導的啊！你應該讓他四處去參訪才是。」不久之後，一行得到普寂禪師的許可，四處去參訪。

《高僧傳》中提到他不遠千里地前去參訪浙江天台國清寺一位隱名的大德。相傳一行到達國清天台寺時，看見一個院子。一行走到門口，聽到院子裡有人在研究算術，蔌蔌地響。此時有一個僧人對侍者說：「今天會有一個弟子遠道而來，要跟我學算術。算算時辰，也該到了，不知道是不是沒人帶他來而迷路了？」僧人停下來算了一下，又說：「門前的水匯合向西流，這個弟子應該到了。」一行聽了便立刻進門，禮拜僧人。僧人於是傾囊相授，而門口的溪流又恢復向東流。從此以後一行的名聲更大了。現今國清寺前還刻有「一行到此水西流」的碑。

開元五年（西元七一七年），唐玄宗命一行的族叔禮部郎中洽，親自去湖北請他入朝，協助善無畏翻譯《大毘盧遮那成佛神變加持經》。

玄宗召一行入京，主要的目的是為了要整理曆法。新、舊《唐書・律曆志》上記載，一行草擬《大衍曆》是從開元九年（西元七二一年），到開元十五年（西元七二七年）完成。在這六、七年間，一行的工作非常繁忙。

一方面，他要提出許多文獻，如《新唐書．藝文志》所載的《曆議十卷》、《曆立成》十二卷、《曆草》廿四卷、《七政長曆》三卷等，都是爲了草擬《大衍曆》所提出的重要文獻。另一方面他還要蒐集實測的資料，如《舊唐書．天文志》所記載的：「玄宗開元九年，太史頻奏日蝕不效，詔沙門一行改造新曆。一行奏云：今欲創曆立元，須知黃道進退，請太史令測候星度。」此外，他又必須製造天文儀器，以供偵測天候之用。

開元十一年（西元七一三年），一行率領府兵曹參軍梁令瓚，用銅鐵鑄成黃道遊儀，用以測量星宿運動和考察月球運行規律。接著，一行又受詔與梁令瓚製造渾天儀。渾天儀創始於西漢洛下閎，歷代經人修改，到一行等人改制後才比較完備。

關於一行的著作《大衍曆》，可惜流傳下來的已經不多，而有許多已經佚失。不少人假藉一行之名論述許多有關著作，這都是因爲一行在天文學上的成就使人景仰之故。

一行的佛教著作有：《攝調伏藏》十卷、《釋氏系錄》一卷、《大日經疏》二十卷、《藥師琉璃光如來消災除難念誦儀軌》一卷、《大毗盧遮那佛眼修行儀軌》一卷、《曼殊室利焰曼德迦萬愛秘術如意法》一卷、《七曜星辰別行法》一卷、《北斗七星護摩法》一卷、《宿曜儀軌》一卷，共八種。其中，《藥師琉璃光如來消災除難念誦儀軌》，有的屬於金剛界、胎藏界合部，或是屬於胎藏部，這都是普通的密教儀軌。

一行大師的佛教著作應該以組織密宗教理的《大日經疏》爲代表。這本書對於中國密宗的貢獻，除了把經中潛隱之處解釋明白外，也把前後事理互陳之處說得更清楚。它不但保存了善無畏所傳的圖位，註明許多事相的作法與意義，更重要的是發揚大乘佛教入世出世間不二的精神，使密教教理合理化，因此被稱爲秘密佛教的指南車。

根據《開元釋教錄》、《續古今譯經圖記》、《宋高僧傳》等書中說，一行曾經跟著金剛智學習密法，請金剛智翻譯《金剛頂瑜伽中略出念誦法》四卷、《佛說七俱胝佛母準提大明陀羅尼經》一卷，並受金剛智的灌頂。根據眞言宗史綱記載，一行接受金剛智、善無畏兩位三藏的灌頂，得承了金、胎兩部祕密大法的大阿闍梨。

一行在中國密教史上，佔有重要的地位。可惜他積勞成疾，不到五十歲就圓寂了。相傳他將圓寂之日，自知時至，便用香水沐浴，穿著新衣，結跏趺坐，端正意念，神情怡然坐逝。

《宋高僧傳》中更記載著一行從圓寂到埋葬後的廿七天，指甲不變，鬚髮還長了些，面色怡悅，大衆驚異。一行逝世之後，玄宗頓失依止，《舊唐書》〈一行傳〉中記載：「玄宗賜謚曰大慧禪師，並爲一行制碑文，親書於石，出內庫錢五十萬爲起塔於銅人之原。明年，幸溫湯，過其塔前，又駐騎徘徊，令品官就塔以告其出豫之意。更賜絹五十匹以蒔塔前松柏焉。」足見當時朝廷對於一行的重視與尊仰。

金剛智

◆在中國奠定純正密教基礎者

金剛智（西元六七〇～七四一），梵名Vajra-bodhi，是中印度剎利王伊舍那靺摩的第三子（一說為南印度摩羅那國的王族）。伊舍那靺摩國境在補陀落伽山附近。在宋高僧傳裡記載，金剛智的父親是建支的王師，出生時有靈光遮蔽其體。

金剛智天資穎悟，不到十歲就可背誦婆羅門的經典，十歲那年，就在中印度的那爛陀寺出家，隨從僧侶寂靜智出家，學習聲明論。十五歲時到西印度留學，四年以後才回到那爛陀寺，廿歲受具足戒。從此以後，他修學大乘小乘的戒律以及《般若燈論》、《百論》、《十二門論》，以大乘空門為主，修習八年。

廿八歲之後，到迦毗羅衛城，隨從勝賢論師修學《瑜伽論》、《唯識論》、《辯中邊論》，研究大乘有門的教義達三年。

三十一歲時前往南天竺師事龍智阿闍梨，修學密教長達七年，研究《金剛頂瑜

金剛智阿闍梨像

伽經》、《毗盧遮那總持陀羅尼經》等。之後，辭別了龍智阿闍梨，還歸中印度，巡禮佛蹟靈塔。

金剛智他曾經到印度南端的補陀落陀山，朝禮觀世音菩薩所示現的道場，當時蒙受菩薩啓示，而發起到中國宏傳密教的宏願。

金剛智向摩賴耶王稟明心意之後，得到國王應許，他便率領道俗弟子六人，先到錫蘭，進入錫蘭的首都安努塔羅成。錫蘭國王非常禮遇金剛智，並留其住持於無畏王寺半年。

後來一行人又登上東南的楞伽山，朝禮山頂的佛足石，巡歷島內的各個佛寺，在錫蘭前後待了約一年，再回到南天竺，向國王重申其赴中國弘法的心願，國王准許後，就派遣將軍米准那與金剛智三藏同行，並帶了梵本的《大般若經》以及七寶器具等，獻給大唐朝廷。

金剛智出發之後，經由海路前往中國，到了離中國只有廿天的航程的海面上，突然起了一陣陣的大風浪，四周驟然黑暗，巨大的海浪托起船隻，毒龍、鯨魚等怪物相繼在海裡出沒，差不多有三十艘商船被巨浪打沉了，只有金剛智所乘的船倖免於難。

當時，金剛智有一部梵本的《金剛頂經》，可惜被水手不小心投入大海中。因爲海上的風暴，讓金剛智花了三年的時間才抵達中國的廣州。當地的節度使發動數艘小船，載了三千多人，一起在廣州海濱迎接金剛智，經過一年，他才到達長安，親謁玄宗皇帝。

從此以後，金剛智成爲大唐國師，常常跟隨著唐玄宗往返於長安和洛陽之間。開元十四年，金剛智開始翻譯他們從印度帶來的梵文經典。他與一群沙門、弟子不空等人，先住在長安的資聖寺，譯出《金剛頂瑜伽中略出念誦經》四卷，後來繼續譯經不綴，並且不遺餘力宣揚密教。

開元廿九年（西元七四一年），金剛智奏請准其還歸本國，玄宗准許後，他便動身返鄉，但是走到洛陽廣福寺時，卻不幸得病，於同年八月十五日奄然遷化，享年七十一，法臘五十一。九月五日，玄宗勅葬於龍門。

不空

◆在中國將純正密教開展光輝的時代者

不空（西元七〇五～七七四），梵名Amoghavajra又作不空金剛，這是他受灌頂的法號，其名智藏，或稱為不空智。唐代來華的譯經名師，言宗付法第六祖。師子國人或說北印度人。

不空生於唐朝神龍元年（西元七〇五年），自幼失怙，在其舅父家長大。他的母親家是唐居人，以行商為主，時常來往於師子國和中國之間。不空在十歲那年，也就是開元三年，跟著舅父來到甘肅的武威縣，十三歲遊太原，後來進入長安，十五歲遇到金剛智，就依止金剛智出家。

不空跟隨著金剛智學習聲明論，並且常隨侍於金剛智身旁翻譯經典，擔任譯語工作。

開元十三年，不空廿歲，受具足戒。為了體會純正密教的深奧秘義，在三年之

不空三藏像

中，不空不斷祈請金剛智口授，金剛智不准許，不空便決心前往印度。

不空出發到長安東邊的新豐時，當晚金剛智便夢見長安的佛菩薩一起向東行，他這才驚覺不空確是法器，急急將不空喚回，授與他純正密教的三密五智。

開元廿九年（西元七四一年），金剛智圓寂，不空遵照其師遺命，立志到天竺求取密典梵本。

天寶元年（西元七四二年），不空一行人先到南海郡（今廣州），因爲當地的採訪使劉巨鱗，三次祈請不空三藏爲其灌頂，所以不空就在法性寺建立灌頂壇場。剛開始只是爲劉巨鱗灌頂，後來四衆聞風而至，受不空灌頂者，不可計數。

是年十二月，不空一行人乘崑崙商船，從廣州向印度出發，到訶陵（今闍婆）近海處，黑風驟起，船上商客驚惶不已，各自用本國的方式祈禱，希望黑風平息，卻沒有產生效用。這時不空安慰大家，請大家鎮定下來，他右手拿著五股菩提心杵，左手持《般若佛母經》經夾，作法誦《大隨求》一遍，風浪頓時平息。後來又遇到巨鯨噴水，浪高如山，不空又作法，並命弟子誦《娑竭龍王經》，不一會，海上又恢復平靜。

這樣航行了約一年，到達師子國（今錫蘭）。國王大喜，以國賓之禮款待之，請住於佛牙寺。不空就在這裡遇到了龍智阿闍梨，於是便奉上金寶、錦繡為供養，稟明自己求法的熱忱。龍智阿闍梨卻回答他：「我所珍惜的是你的心意，而不是這些寶物啊！」於是龍智阿闍梨就傳授他十八會金剛頂經，毗盧遮那大悲胎藏五部灌頂、眞言密典經論之梵本，共五百多部。

不空在佛牙寺住了三年，心願也滿足了，就向師子國國王告別，帶著國王的表文、黃金、瓔珞、梵本般若經、各種寶物及貢品，梵本經典一千兩百卷，在天寶五年（西元七四六年）回到大唐國。

回國之後，不空安住在鴻臚寺，後來被召入宮中，設內道場，為玄宗灌頂。後來不空移住到淨影寺，衣、食、臥、具等皆由朝廷供養，宰相近臣等常來謁見。後又奉詔譯秘經，開灌頂壇，廣度衆生，士庶問道者絡繹不絕。

天寶九年（西元七五〇年），玄宗允許不空再回印度探取梵本經典。不空由長安啓程，向廣州而行，途經韶州時得病，於是行程中止無法前進，便暫時停留韶州。不空在此時仍然手不釋卷，繼續指導弟子從事翻譯。

後來因為西平群王哥舒翰奏明玄宗，玄宗才降旨將不空追回。不空回到長安休養一段日子之後，又奉詔往河西，在武威開元寺從事灌頂譯經。天寶十三年（西元七五四年）不空又請安西法月的弟子利言來加入譯經的工作。

肅宗至德元年（西元七五六年），召不空入朝，住興善寺開壇灌頂。安祿山之亂，長安被攻陷之後，不空乃秘密和肅宗保持連繫，因而至德二年（西元七五七年），肅宗回京之後，備加禮遇不空。

乾元元年（西元七五八年）不空上表，請求搜訪梵文經夾，加以修補並翻譯傳授。肅宗批准後，不空得以將中京（長安）慈恩寺、荐福寺等，東京聖善、長壽等寺，以及各縣的寺舍、村坊，凡是保有玄奘、義淨、善無畏、流支、寶勝等三藏所帶來的梵夾都集中起來，繼續翻譯，這是唐代一次大規模的梵夾集中。

會昌五年（西元八四五年）唐武宗滅法，大興善寺被毀，集中在此的梵夾也就損毀佚失了。肅宗還都的十七年間，不空得到朝廷大力支持，廣譯顯密經典，灌頂傳法，教化衆多。晚年時（西元七六六年左右），不空派弟子到五台山造金閣寺，後又造玉華寺，並奏請於金閣寺等各置定額僧廿一人，後來五台山便成為密教重心。

不空在大曆九年（西元七七四年）示寂，壽七十，僧臘五十，唐代宗追贈「司空」，卒諡「大辯正」。後唐德宗又准其弟子慧朗在大興善寺爲不空立碑。

惠果

◆繼承不空統領唐代密法者

惠果（西元七四六～八〇五），唐代眞言密教付法第七祖。

惠果俗姓馬甬，生於玄宗天寶五年（西元七四六年），長安人。九歲時依止不空的弟子曇貞出家。有一天，曇貞帶著惠果去見不空，不空一看見惠果，就很高興地說：「這個孩子是密藏的法器，將來必能將密法發揚光大。」不空隨即撫著惠果的頭，如同父母一般，口授大佛頂、大隨求的梵本，以及普賢行願，文殊讚偈等。因爲曇貞常在內道場專心修持，所以惠果便改爲事奉不空。當時惠果十九歲。

惠果進入學法灌頂的壇場，投花得佛，投得轉法輪菩薩。當時不空便對惠果說：「我在南天竺時，於壇場內散花，也是投中這尊佛，和你相同。你將來會繼承我，弘揚密教大法。」

大曆元年（西元七六六年）惠果滿廿歲，以曇貞爲戒師，在青龍寺剃度，在慈

惠果阿闍梨像

恩寺受具足戒，隨從不空學習兩部大法，入傳法灌頂壇城。大曆二年（西元七六七年）又從善無畏三藏的弟子玄超學習胎藏之法。惠果進入佛門十多年，正式出家才兩年，就已經得到密教的全部奧秘，成爲祕密瑜伽的大導師。

大曆五年（西元七七〇年），惠果廿五歲，代宗聽聞惠果之名，特地召他入宮證明。代宗對惠果說：「我有一些疑惑，希望你能爲我解說。」於是惠果便率領兩個童子，施行魔醯首羅天魅女阿尾奢大法，把天尊請來附在童子身上。作完法後，惠果便對代宗說：「現在，你有任何疑問，都可以請問天尊。」於是皇帝就問童子三王的曆數及歷代疑難之事，童子果然對答如流。代宗非常高興，讚歎不已。

大曆十一年（西元七七六年），惠果爲代宗及花陽公主祈求除病，非常靈驗。大曆十四年，惠果謁五台山，登上觀音台持念時，觀音薩埵現廣大身相於大月輪中，光明赫赫，如同白日一般，在場數千人，無不驚歎。

建中元年（西元七八〇年），惠果三十五歲，訶陵國僧辨弘不遠千里來中國求法，成爲惠果的弟子。

建中二年（西元七八一年），惠果傳授新羅的惠日、悟眞、義明、義滿、義澄等人胎藏界法、金剛界法。貞元六年（西元七九〇年），惠果爲後來成爲宰相的杜黃裳、違執誼授灌頂法。從貞元九年（西元七九三年）到十三年，惠果授法灌頂者有五十人左右。貞元廿年（西元八〇四年），惠果在長安醴泉寺爲弟子僧義智建金剛界大曼荼羅，當時印度的般若三藏等諸位博學大德都參加了。

永貞元年（西元八〇五年），日本留學僧空海入惠果門下。惠果的弟子雖多，但是足爲嫡傳正統的，只有空海一人。惠果常告訴門人：「訶陵辨弘與新羅惠日，授胎藏之法；劍南惟上與河北義圓，授金剛大法；又授義明供奉兩部之大法；今有日本沙門空海，來求聖教，梵漢無所差，悉傳兩部之秘奧如瀉瓶無所餘。」

惠果弘揚密教，不遺餘力。順宗永貞元年（西元八〇五年），惠果在青龍寺恬然遷化，壽六十，法臘四十，葬於長安城東，不空之塔側。過了二十年，弟子義一、孫弟子深遠、義舟等，爲惠果在澈川之側的表蘭村建塔，將惠果遷葬於此地。

開成四年（西元八三九年）空海大師的晚年弟子圓行來中國，代表日本眞言密教的僧俗二人，在惠果墓前奉上法衣及信物，再三稽首，表達其對惠果大師的思慕之心。

空海

◆日本真言密教的開祖

空海（西元七七四～八三五），日本讚歧（香川縣）人，俗姓佐伯，幼名眞魚，密號遍照金剛，自幼跟隨外舅阿刀大足學習儒學。

十五歲那年，到京都研習儒學，後來入大學明經科，於是對佛法有更深的了解，於是在十八歲時，空海便發表《三教指歸》，內容在評判儒、釋、道三教。

延曆十二年（西元七九三年），空海依止和泉槇尾山寺的勤操和尚，賜法名教海，後改爲如空，研究三論及大小乘教義。

延曆十四年在東大寺受具足戒，改名空海。十五年，曾在夢中感得《大日經》，但卻未能解悟。

當時，日本派遣許多學生到中國留學，空海便和他的弟子一起到中國。不料海上遇到颶風，經過九十多天以後才到達福建。之後，空海北上遍訪長安諸多大德，

空海大師像

在青龍寺惠果阿闍梨處承傳其法位，受惠果阿闍梨灌頂，受密號爲遍照金剛。

另外，他在長安也遇見許多博學之士，如般若三藏、牟尼室利三藏，以及不空三藏的弟子曇貞，空海並跟著他們學習悉曇之學（悉曇指梵字）。由於這樣，空海在學習密教時，除了惠果阿闍梨的指導之外，自己也通達悉曇，書寫讀誦眞言非常自在，所以能在短期之間盡得惠果阿闍梨的傳承，在大同元年（西元八〇六年）回到日本。

次年，空海在京都久米寺講授《大日經》，大同三年，應許弘揚眞言宗，大同四年，入宮論說即身成佛之義，挫敗華嚴宗的道雄，天台宗的最澄等人。

弘仁七年（西元八一七年），空海向朝廷奏請在高野山建立密宗道場。相傳他在少年時曾登山遠眺，得知這是一塊靈地。在他來中國之前，曾被一位面色深紅、身長八尺，穿著青衣的神人引領到伊紀國屋都郡的一處靈山，他便遙向遠處投出三鈷杵，杵落在一棵松樹上，那兒便是密教相應之地，佛法興隆之土。

弘仁九年，朝廷賜空海「傳燈大法師」之號，任內供奉十禪師之職。弘仁十年，高野山建寺落成，號爲金剛峰寺。弘仁十四年，又受賜東寺，與高野山同爲永久的密教道場。東寺的堂舍結構、佛像造形，僧衆威儀等，皆模仿唐朝的青龍寺。

天長五年（西元八二八年），空海創建綜藝種智院，教授道俗弟子諸學，確立密宗教學。綜藝種智院也是日本最早的私立學校。

承和二年，空海在高野山入寂，壽六十二年，諡號「弘法大師」，時人多稱「高野大師」。

空海的著作非常豐富，教義方面有《辨顯密二教論》、《祕藏寶鑰》、《十住心論》、《付法傳》、《請來目錄》、《御遺告》、《即身成佛義》、《聲字義》、《吽字義》、《般若心經秘鍵》等，另外有《大悉曇章與篆隸萬名義》（辭典）。

關於文學方面則有《文鏡秘府論》、《文筆眼心鈔》、《性靈集》、《高野雜筆集》。此外，空海也長於書法，墨寶有《風信帖》、《灌頂歷名》、《七祖贊》、《三十帖冊子》等。他也曾指導密宗美術，對社會教化即深且廣，是日本史上影響極大的高僧。

蓮華生

◆藏密的共主

蓮華生梵名Padmasambhava，爲八世紀頃北印度烏仗那國（今巴基斯坦境內）人。最初住在印度那爛陀寺，博通大小乘佛法，以各種善巧方便化度衆生。玄宗天寶六年（西元七四七年）應西藏王赤松德贊的邀請，和寂護、蓮華戒等人一起入於西藏。根據藏文佛教史籍的記載，寂護因爲先前入藏時，受到反佛教勢力的逼迫和惡魔侵擾，便返回尼泊爾請求蓮華生大士的幫助。由於蓮華生大士是烏仗那人，因此也稱爲烏仗那活佛。相傳他在入藏的旅途中大力降伏了許多妖怪，並顯現神通威力使河水倒流等神變事蹟。

蓮華生和寂護到達西藏之後，第一件事就是建立印度佛教的根據地，於是西藏佛教史上第一座剃度僧人出家的寺院——桑耶寺便落成了。據說桑耶寺是由寂護設計的，主要是仿照印度的歐丹達菩黎寺，主殿三層代表須彌山，四方四個殿，代表

蓮華生大士像

四大洲，還有代表八小洲和日、月的小殿，整個結構顯示了當時印度佛教的宇宙觀。桑耶寺有三層，第一層採藏式建築，第二層仿唐朝建築，第三層則是印度式樣。

桑耶寺建成之後，蓮華生便開始宣說瑜伽祕密法門，翻譯經咒，又示現各種神變奇蹟，除妖捉怪，爲藏族人心歸向。蓮華生所傳的密法稱爲紅教（祕密古派），就是無上秘密乘，是以大圓滿、大喜樂禪定的瑜伽觀法爲最上乘之法，西藏特有的喇嘛教便是由此而來。

蓮華生大士有廿五位高徒從事梵漢佛典的譯述，編成西藏大藏經丹珠爾中，如：《五種三摩耶》、《聖金剛手金衣成就法》、《優波提舍廣釋註》、《金剛摧破陀羅尼釋金剛燈》、《吉祥世間尊空行成就法》、《祕密書狀》等。

蓮華生大士並沒有系統的著述流傳，但是他卻培養了許多密教人才。相傳其中得到密宗悉地的有藏王及臣民廿五人；如：虛空藏（南喀寧波）、佛智（桑結耶喜）、遍照（毗盧遮那）、童智（闍那鳩摩）、海勝（喀欽措杰）等廿五人。

在西藏境內原本信奉苯教，苯教是一種崇拜鬼神、巫術符咒的宗教，所以對寂護所傳的理論實踐的佛教不易接受。蓮華生大士入藏後，弘傳密教，教導藏人持誦陀羅尼及眞言儀軌，以神咒降伏惡魔精怪，示現廣大神通，使藏人大爲信服。他不反對苯教，只是以密法來解除衆生的疾苦，使藏人自然信服，敬仰佛法。

相傳蓮華生大士常以神力摧伏惡魔。有一次，一條龍突然飛到大士處，現出極大身，飛雪雨雹，向大士攻擊，大士一面口誦六字大明咒，一面用手去接，於是龍身忽然變小，落在大士手中，掙扎良久，仍然無法脫離，終於乞命皈依三寶。大士爲它咒願之後，龍才回復而飛去。此後，這地方再也沒有發生雪雹之災。

關於大士的神蹟，不計其數，而他的廿五位弟子也都有降魔伏妖的能力，投合西藏的原始信仰，各化一方。

阿底峽

◆西藏噶當派開祖

阿底峽（西元九八〇～一〇五四），梵名Atia，西藏名Phul-byu，是西藏佛教噶當派開祖，也是朗達瑪王滅佛法之後，復興佛教的第一位重要人物。

他的父親是東印度薩賀國的善祥王，阿底峽是次子，幼時便聰穎過人，十歲之前已經學會了醫方、工巧、文學等，並皈依三寶，持齋受戒，不論在信仰或修持上都十分精進。

十一歲時便往山林參訪佛教僧侶——勝敵婆羅門。勝敵婆羅門指引他到爛陀寺找菩提賢論師，經菩提賢論師指導他之後，又介紹他去見明杜鵑菩薩，就這樣一位老師介紹另一位老師，阿底峽陸續地參訪了阿喲都帝巴、羅睺羅笈多筏折羅。廿一歲之前，他就通曉了內外聲明、因明之學，與其他宗教徒辯論，無人能敵。

廿九歲時，阿底峽從戒護律師出家，之後廣學大衆、上座、正量、一切有部之

阿底峽尊者像

教典及密教，法名吉祥燃燈智，曾經參學於末底若那菩提、智祥友、法護、阿哅都底巴、寶生寂靜、小姑薩梨、日比枯舉等諸位大師。

阿底峽不僅在印度半島上求法；爲了向法護求法，他曾三度入海，到達金洲（今蘇門答臘）。他帶著一百五十位弟子入海，航行了十三個月才到達金洲，法護熱忱地歡迎他們。

此後十二年中，阿底峽隨侍在法護身側，學得一切大乘佛法。其中特別使人注意的是《現觀莊嚴》一切教授，和《集菩薩學論》、《入菩薩行論》等不共教授，還有以清淨增上意樂修自他換菩提心的不共教授。

他四十四歲那年學成之後，回到印度，備受國王禮遇，駐錫於印度四大寺之一的毗訖羅摩尸羅寺。由於他的博學遠近馳名，很快便成爲該寺首要人物。

當時中國西藏地區有一位僧人智光，是王族後裔，在攝政時，看到西藏佛教內部異說競起，理論分歧，連經典自身亦有相互矛盾之處，於是派遣七位智者到迦濕彌羅去留學，並吩咐他們留意當地是否有適合到西藏來傳法的大德。

可惜被派去的人因水土不服，全都死去，只剩下寶賢和善慧譯師。兩位譯師學成之後，回到西藏向智光述說阿底峽的聲望，於是智光便派賈精進師子前去迎請阿底峽，卻被阿底峽婉拒了。

智光不死心，不但再次派賈精進師子去迎請，更積極地在西藏募款以供養阿底峽。不料智光在邊境時被信奉異教的國王擄去，要他的族人以等同智光重量的金子來贖人。族人搜集了所有的金子，卻仍不夠，智光勸族人把所有的黃金拿去供養阿底峽，自己便壯烈地犧牲了。

賈精進師子再次去迎請阿底峽，並說明西藏佛教的情形，以及智光為募款而犧牲的事情。阿底峽雖然深受感動，但是為了愼重起見，仍要再考慮，直到有一天，智光的使者頂禮其足，涕泣請求，阿底峽才答應隨其赴藏。赴藏途中，不幸賈精進師子在尼泊爾病逝，阿底峽悲痛地感歎：「我現在失去了舌頭，到西藏也沒有用了啊！」

當時，西藏佛教徒多不依正法而行，阿底峽為了恢復眞正的印度佛教，便著書立說，振興戒律，統一西藏佛教，創立噶當派，在西藏各地巡化，挽救頹敗風氣，樹立新典範使西藏佛教面目為之一新。阿底峽在西藏期間從事許多經典翻譯與著述，形成西藏佛教復興的空前盛況。

阿底峽在西藏住了三年，將要返回印度時，他的西藏弟子種敦巴爲了移轉老師回印的心思，便不斷地讚歎拉薩、桑耶寺等道場的殊勝，僧侶衆多，並說那兒的僧衆都期望阿底峽去弘法。阿底峽高興地說：「連我的家鄉印度也沒有這麼多修梵行的人，其中一定有大阿羅漢！」說完便向東方頂禮，答應種敦巴的祈求。種敦巴因爲怕日子久了又有變故，於是催促前藏的人趕快來迎請阿底峽。赴前藏途中，因爲遇上兵亂，在芒宇待了一年才繼續前進。

到了桑耶寺，阿底峽翻閱該寺所收藏的梵文典籍，看到許多在印度已經失傳的版本，他驚喜不已，於是抄寫了《明顯中觀論》、《華嚴經》等寄回本國。此後，他一方面講經弘法，一方面與藏地譯師合作，翻譯了不少經論，直到在七十三歲時，於拉薩入滅。

馬爾巴

◆藏密噶舉派的開創者

馬爾巴（四元一〇一二～一〇九七），是噶舉派的開創者，出生於西藏南部的落札縣。據說他從出生起就具有神通，並示現過許多奇蹟。幼時，他本來是在魯傑已上師處學習，但是不久之後他的程度便超越其上師。

由於馬爾巴的外表看起來很威猛，令人畏懼，因此同村的人都不歡迎他，和他唯一有來往的便是上師與其一位朋友。

馬爾巴的父親見到這種情形，就將他送至遠離村子的一位卓彌譯師處學習。馬爾巴在那兒學會讀寫藏文，也學習詩歌、戲劇。經過十五年的學習，馬爾巴成爲一個優秀的藏、梵雙語譯師。

在卓彌譯師處學成之後，馬爾巴決心到尼泊爾學習更高深的法門。他聚集了所有的家產，踏上漫長艱辛的求法之路。抵達尼泊爾之後，又聽說著名的那洛巴上師在印度，於是他便再啓程前往印度。

當時的印度小國林立，且設有重重關卡，每到一個關卡檢查時，都會被拿走一些值錢的東西，所以途經這些關卡之後，財產大概都被洗劫一空了。儘管有這些問題，但是由於馬爾巴求法心切，仍然決意前往印度尋找那洛巴。

他終於在印度找到那洛巴，而習得燈作明及大幻輪秘義。

回到西藏之後，馬爾巴致力於梵藏經典的翻譯。

他不只是依文字的意義直接翻譯，而且以實際的修證來了悟經典的內容，再加上其早年在卓明洛札瓦譯師處所受的訓練，開展出他的譯經事業。

馬爾巴傳承了那洛巴的教法，另開創了噶舉派。他並沒有出家，而是以在家居士的身分務農、經商，並且翻譯經典以及教授學生。

平時，他按照印度密宗的習慣，穿著白色僧裙，從此以後，這種白色僧裙就成了噶舉派世代相襲的袈裟樣式。

馬爾巴於西元一〇九七年圓寂，世壽八十六，他有七個兒子，兒子們沒有傳承其教法，而其門下有些傑出的弟子，其中著名的「四大柱」，分別是梅敦村波索南

馬爾巴譯師像

堅贊、粗敦旺額、翱敦却吉多吉及密勒日巴。

其中又以密勒日巴最完整地接受馬爾巴的傳承，並有極殊勝的成就。

密勒日巴

◆不畏任何艱苦的修行者

密勒日巴（Mi-laras-pa；一〇四〇～一一二三）是噶舉派的祖師，生於人後藏貢塘地方，原屬瓊波族。

當尊者年幼之時，父親就病逝了，親戚們群起欺負他們孤兒寡母，不但侵佔他們的家產，還將他們充作奴僕使喚。

於是尊者的母親傾盡微薄家財，送尊者去學習咒術，希望他對其親戚們降下冰雹、破壞收成，來平復心中的仇恨。

後來密勒日巴尊者果然完成了母親的心願，卻也造下了可怕的黑業，殺害了許多衆生。然而就在此時，他的心中生起大驚怖，猛轉而追求正法。

在追隨馬爾巴尊者之初，密勒日巴尊者也歷經了一般人所不堪忍受的過程，因爲馬爾巴上師爲了要迅速消除尊者的業障，叫他從山下揹起一塊塊巨石，到險峻的山頂上建築房子，而且每每都在將蓋好之際，便將其毀掉，令密勒日巴重新再建。

而密勒日巴尊者因整日揹負巨石，背上全部被磨破了，而且長了瘡，其中又有膿頭、腐肉伴著膿血，爛得像團稀泥，身心折磨至此種程度，但是馬爾巴上師還厲言對他說：至尊那諾巴，十二大苦行，十二小苦行，比你這點傷要厲害得多！大小種種廿四種苦行，我都忍受了。我自己也是不顧性命，不惜財產地來事奉那諾巴上師。你若是眞想求法，就不要再這樣故意造作，裝作了不得的樣子，趕快去把房堡建好吧！

換做是別人，面對這種情況，恐怕早已頭也不回地走了，但密勒日巴仍然一如往常，下山揹石塊，上山蓋房堡，繼續完成上師的囑咐。

經過不斷的精勤修行，密勒日巴尊者最終圓滿具足了廣大的成就。

當他的心子岡波巴大師要遠行，拜別上師時，密勒日巴尊者特別傳給他一個甚深的口訣，只見密勒日巴尊者將其衣袍撩起，露出赤裸的身子，背上佈滿了網狀老繭。他對岡波巴大師說：

我再也沒有比這更深奧的口訣了，這是我經過如此的辛苦修行，心中才生起功

密勒日巴尊者像

德的，所以你也要以最大的堅毅持忍力來修行才好。

在密勒日巴的修行過程裡，他還曾以蕁麻為食，使得全身的皮膚，甚至汗毛都變成綠色了。

當他妹妹來到他修行的洞口時，看見尊者眼睛下凹，陷成兩個大洞，身上的骨頭，一根根向外凸出，像山峰一樣。渾身一點肉也沒有，皮膚和骨頭像要脫離似的，週身的毛孔都現著綠茸茸的顏色，頭髮又長又鬆，亂蓬蓬一堆堆地披著，手腳都乾瘦瘦的，就像要破裂似的。以至於他妹妹差點以為他是鬼，忍不住悲傷地哭了起來，但尊者當時卻唱了一首勸慰歌來安慰她。

密勒日巴尊者精進修行，他破除了有些行者只求粗淺感應，未想求得眞正覺證果地行徑。

岡波巴

◆以最圓滿的教法傾瓶而灌者

岡波巴（西元一〇七七～一一五二或一〇七九～一一六一），西藏著名學僧，即達波那，為密勒日巴尊者的傳承弟子，他與他的老師是截然不同的典範，密勒尊者長年處居山上修行，而岡波巴大師則在人間廣大宏揚教法，造成當時噶舉派流傳最為盛大的時期。

他最初學習謹持律儀、講學論教的噶當派，後來依止密勒日巴，又深受其瑜伽實修的風格影響，因此他成功地融合了兩派的宗風，而外現比丘相，善巧地宏揚顯、密教法。

岡波巴大師總持一切教法，除了在大手印的修證上有極深刻的體悟，並且整合教法與禪觀，其行逕宛如中國的智者大師。

在觀行的深度上，岡波巴大師遠超過黃教祖師宗喀巴，而且在教法上也比宗喀

岡波巴大師像

巴更能調攝教法。

雖然他的理論架構不如宗喀巴《菩提道次第廣論》體系那麼分明，但在修證上，對於任何一位求法者，他都是以最圓滿的教法傾瓶而灌，從來不捨棄任何一人。

如果弟子無法承受大法，再宣說次第之法；而且在任何時刻，只要一有機會，他定要使行者得證最圓滿的成就，絕不漏失任何根器的行者。

八思巴

◆薩迦派第五代祖師

八思巴（西元一二三五～一二八〇），為西藏喇嘛教學僧，薩迦派第五代祖師。八思巴是薩迦四祖薩班的侄子，《西藏王臣史》中描寫八思巴「幼而穎悟，長博聞思，學富五明，淹貫三藏。」西元一二五一年，八思巴繼承薩班之位，成為薩迦派教主，也成為西藏地方勢力和元朝朝廷建立聯繫的人物。

西元一八一二年，忽必烈南征大理，途經四川的甘孜、阿壩等藏區，忽必烈派人迎請薩班來會面，因薩班已死，便由八思巴代為前往。當時忽必烈也曾會見噶舉派的領袖人物噶瑪巴希，但因噶瑪巴希和忽必烈的哥哥蒙哥汗關係相當密切，所以忽必烈便選擇八思巴為國師。

八思巴十五歲時，為忽必烈授戒，並成為其宗教顧問。忽必烈便以西藏十三萬戶為供養，此後十七年間，薩迦派便執掌西藏的政教全權。當時，八思巴的好友曾

八思巴帝師像

寫一首詩勸諫八思巴：「嘎廈烏雲障佛教，國王奪去衆生樂。濁世沙門貪富貴，不悟此理非聖人。」

八思巴亦作了一首詩回答：「教有盛衰佛明訓，有情安樂係自業。隨類彼機施教化，不解此理非學者。」後來，忽必烈又打算下令西藏各派教徒一律改從薩迦派，幸有八思巴加以諫阻，他認爲應讓各派依自宗傳承，清淨修學。

至元年間，八思巴奉詔制蒙古字，即後世所傳的八思巴文。這是一種拼音文字，格式是從右到左，直行書寫。制成之後，朝廷曾借政治力量大力推行，並刻於錢幣、石碑，也印刷成文物，有不少流傳到今日。

八思巴繼承了薩迦班支達的事業，由於他的推動，漸漸鞏固了西藏佛教和中央政權的連繫，並促使蒙藏、漢藏民族間的文化交流。

據說八思巴曾請求忽必烈免除西藏寺院的稅捐和差役，並要求朝廷出派的驛使不要沿途居住寺院，這些請求忽必烈都答應了，寺院的特權因此也持續下來。

至元十七年（西元一二八〇年），八思巴圓寂，享年四十六，元帝爲其建大窣堵波於京師，並諡爲「皇天之下一人之上開教宣文輔治大聖至德並覺眞智佑國如意大寶法不西天佛子大元帝師」的稱號。

八思巴去世之後，元朝廷仍然非常尊崇他，仁宗元佑五年（西元一三一八年），在大興教寺建了八思巴殿，延佑七年，又下詔各郡建帝師殿，英宗至治三年（西元一三二三年），在上都建八思巴殿，泰定帝元年（西元一三二四年），繪八思巴像十一幅，頒行各省，使大家可以據此塑像紀念。

八思巴的弟子衆多，最爲漢人所熟悉知曉的是沙羅巴。沙羅巴是西域積寧人，幼時就依八思巴，學習諸部灌頂法，又隨從其他上師廣學顯密諸法，加上又擅長藏文與各國文字，世祖便命他譯出漢地未備的經典。因爲他所譯出的經文辭旨明析，朝廷特賜他「大辯廣智」之號。

此外，尼泊爾的雕塑師阿尼哥，經八思巴的啓發而受具足戒，並隨八思巴到北京，當時中國的雕塑藝術受其影響頗大，北京的妙應寺白塔也是由他設計並指揮建造的。

宗喀巴

◆藏傳佛教格魯派的創始者

宗喀巴（西元一三五七～一四一九），出生於甘肅省西寧衛，是宗喀地方案多族人，他的原名是羅桑札巴，後人因為尊崇他的緣故，而以其出生地宗喀為其名，「巴」是藏語的語尾，意即「宗喀地方的人」。宗喀巴出生的年代，衆說紛云，一般可以確定的是他是明朝永樂年間的大師。

據說宗喀巴的母親某天在河中沐浴時，忽然感到胸口不適，昏倒在河邊的大石頭上。這塊石頭上刻著釋尊的贊偈，不久之後，她便產下了宗喀巴。

三歲時，他遇到法王迦瑪巴遊戲金剛，授他近事戒，賜號慶喜藏。這時，鄰近有一位敦珠仁欽喇嘛，布施了宗喀巴的父母許多馬、羊等財富，而請求宗喀巴的父母讓宗喀巴跟隨他出家。此後，一直到入藏之前，宗喀巴都依止敦珠仁欽喇嘛，學習經論，並接受密教的灌頂，密號為「不空金剛」。

宗喀巴大師像

此後，宗喀巴又追隨了許多位有名的學者，受學俱舍、般若、唯識、因明、戒律等顯學。

後來他從學於迦爾瑪派第五世之門，又於不丹附近羅札地方的南迦丘宗門下受教，後來傳承下冬頓之下七十八代僧王丘結桑巴的法位，繼承甘丹派的正脈。當時，固有的薩迦派已經墮落為紅帽派的咒法邪教，戒律尤其廢馳已久，僧人競相以神通作為欺騙世人的手段，風氣敗壞。

宗喀巴雖然出身於紅派，卻深感如此下去，佛法將不存。他認為密術本來是助道的加行，道亦須建立其根本，所以如果沒有以空性的智慧為本，那麼神通不過是欺人耳目罷了。這種隨機方便運用這幻化之法並非不可，只是，如果捨棄菩提道心，而專門汲汲營求神通密術，那麼不僅自害亦害人。有鑑於此，宗喀巴立志改革西藏佛教。

宗喀巴在參學之後，曾經有一段時間於大雪山中閉關潛修苦行，當他離開雪山時，便到拉薩開始弘法興教。由於宗喀巴的眞修實學，四方慕名來學的弟子多達數千人。

宗喀巴改革之後的教團，最顯著的便是一律穿著黃衣黃帽。

宗喀巴提倡般若中觀與秘密金剛乘融合，在教理上吸收阿底峽的噶當派的教法，而僧團的生活方式，除了黃色的僧服、僧帽之外，餘皆採取與原始佛教相同的方式，如座具、乞食、戒律。他持戒嚴謹，其德行遍及全藏，成爲後世達賴、班禪的源流。

宗喀巴曾於拉薩近郊創建甘丹寺，爲黃帽派的本山，後來又命弟子在拉薩附近建色拉寺、哲蚌寺，在此宏揚教化，當時信徒們都視宗喀巴爲阿彌陀佛或文殊菩薩的化身，更有人尊稱他爲「第二能仁」。

宗喀巴晚年，在拉薩東北創建噶丹寺，組織大僧團。藏語習慣將「噶丹」的「丹」字略掉，後來此寺名便轉音爲「格魯派」。「魯」爲教規、宗派之義，這本意是噶丹派的學者，在讀音上又表示爲「律的奉持者」，所以又可譯爲「德行派」。

宗喀巴在明永樂十五年圓寂，世壽六十三。

達賴喇嘛

◆藏傳佛教格魯派的大活佛

藏傳佛教格魯派兩大活佛轉世系統之一。「達賴」（dalai）一詞並非藏語，而係藏語「嘉措」（rgyamt'so，或作嘉穆錯）的蒙古稱呼；「嘉措」藏語的意思爲「大海」，乃係對高德喇嘛的尊稱，並非爲達賴所專用，所以在許多大喇嘛的法名之中，往往夾有「嘉措」字樣。至於「喇嘛」（lama），乃藏語bla-ma的訛略，意思是上人或上師。

一直被視爲觀音菩薩化身的達賴喇嘛，受到西藏人的無上尊崇。但是，據說西藏本土並不使用「達賴」這個名稱，僅在外交上使用，平時對達賴所用的尊稱是另外幾種：⑴嘉穆官林寶伽（Sky ads-mgon-po-c,e），意爲救護尊者；⑵蓋瓦林寶伽（Rgyal-ba-rin-po-c,e），意爲得勝尊者；⑶達穆前堪巴（T'ams-Cad-mk'yeu-pa），意爲一切智者。達賴近側人員，多稱其爲「布格」（Sbugs），意爲「大內」。

第五世達賴喇嘛像

達賴喇嘛之稱開始於明朝萬曆六年（西元一五七八），當時蒙古土默特部順義王俺答汗迎請索南嘉措至青海傳教，崇奉甚恭；俺答汗贈索南嘉措以「法王金剛持達賴喇嘛」稱號，意為「遍知一切德智如海之金剛上師」，用以表示敬意，此為達賴名義之始。後，格魯派徒眾以索南嘉措為三世達賴，上溯其師承，以根敦嘉措為二世，以宗喀巴之上首弟子根敦主巴為一世，此係仿效噶舉派的活佛轉世制度，所建立的達賴喇嘛活佛轉世系統。

清朝順治十年（西元一六五三），正式冊封達賴五世為「西天大善自在佛所領天下釋教普通瓦赤喇怛喇達賴喇嘛」，並賜金冊金印，正式確定達賴喇嘛為藏傳佛教的最高領袖。此後，達賴喇嘛亦成為西藏地方政治、宗教之最高權力者。迄至今日，計傳十四世。現今的達賴喇嘛為達賴十四世，法名為丹增嘉措。西元一九八九年榮獲諾貝爾和平獎。諾貝爾獎的評審委員會給他的評語是：「達賴喇嘛致力爭取西藏自由，而反對使用暴力。他主張，為了保存西藏人民的歷史和文化遺產，應基於容忍和相互尊重的原則，和平解決問題。達賴喇嘛已從敬愛眾生和民胞物與的宇宙責任觀，發展出和平哲學。」

班禪喇嘛

◆西藏佛教格魯派地位僅次於達賴喇嘛的轉世活佛

西藏佛教格魯派（黃教）二大活佛轉世系統之一，為執後藏（西藏西部）的政、教二權的領袖。地位僅次於達賴喇嘛。由於常駐札什倫布寺，故一般亦稱札什喇嘛（Bkra-sis bla- ma）。

「班禪」（panchen）係梵語pandita與藏語chen-po二詞所合成，意為大學者。「喇嘛」，乃「上人」的意思。明朝末年，蒙古和碩特部首領固始汗應黃教的請求，入藏除滅紅教的藏巴汗（Gtsan pa Khan）。固始汗在統治後藏時，得羅桑曲結之助力甚多。固始汗感其恩，乃於清朝順治二年（西元一六四五）贈以「班禪博克多」（「博克多」，蒙語為智、英勇之意）的尊號，是為班禪四世（前三世為後人追認），此即「班禪」一語的由來。

後至五世，又獲清聖祖封為「班禪額爾德尼」。其法系若以克主傑為第一代，

第六世班禪喇嘛像

則至今已有十代，然因源流是始自第四代的羅桑曲結，故正確而言應爲七代。

班禪喇嘛的轉世制度迄至今日爲十一世班禪。

大寶法王

◆一般指藏密白教噶瑪噶舉系黑帽派的歷任傳世活佛

㈠元明二代統治者對西藏名僧所賜的尊號：元世祖忽必烈曾經尊八思巴爲大寶法王，並賜玉印，以示尊崇。明成祖永樂四年（西元一四〇六）冬，召見西藏僧哈立麻，寵賜優渥，並爲建普度大齋七日，成祖且躬自行香。由於連日出現瑞相，成祖大悅，乃封哈立麻爲大寶法王（全銜爲：「萬行具足、十方最勝、圓覺妙智、慧善普應、佑國演教、如來大寶法王、西天大善自在佛」），並命其領天下釋教。此哈立麻，即西藏噶瑪噶舉黑帽派的第五世活佛得銀協巴。自此以後，大寶法王乃成爲該系活佛的專用稱號。

㈡係指藏傳佛教噶舉派（白教）噶瑪噶舉系黑帽派的歷任轉世活佛：由於該派的第五世活佛得銀協巴（哈立麻）被明成祖冊封之後，「大寶法王」遂成爲黑帽系歷代轉世活佛專有的封號，以迄今日。

第二世大寶法王卡瑪巴希像

的政權。

大寶法王在歷史上可注意的兩點，一是西藏佛教獨特的活佛轉世制度是他最早採用的。其次是從元朝以來，噶瑪噶舉的實力一直很大，大寶法王在政治上有左右一方的力量，和中央王朝的關係一直很密切，在十七世紀前半期，還曾操縱過西藏的政權。

噶瑪噶舉的創始人都松欽巴（西元一一一〇～一一九三）被追溯為第一世的大寶法王。他是岡波巴的弟子，他修習和傳授的教法以「拙火定」和「大手印」為主。他所創建的祖卜寺一直都是噶瑪噶舉的主寺和大寶法王的駐錫地。

第二世大寶法王噶瑪拔希（西元一二〇四～一二八三）是西藏第一位被公認的轉世活佛。由於他被認為是都松欽巴的轉世，從此西藏才有活佛轉世的制度。大寶法王轉世至今為十七世。

總而言之，歷代的大寶法王多是學行俱優，功德增上的大德。他們都各有著述，對於西藏佛教的發展都有相當程度的影響。

第五章 密宗的重要寺院

青龍寺

◆為中國唐朝密教的著名寺院

青龍寺爲唐代密教的著名寺院，位於中國陝西西安城南郊樂游原上。創建於隋文帝開皇二年（西元五八二），初名爲「靈感寺」。唐高祖武德四年（西元六二一）寺廢，高宗龍朔二年（西元六六二），城陽公主奏請復立爲觀音寺。睿宗景雲二年（西元七一一），改名為青龍寺。會昌五年（西元八四五）禁佛時被廢，翌年復寺，更名為護國寺。宣宗大中九年（西元八五五），恢復青龍寺名。至明朝萬曆年間，寺宇全毀。

青龍寺與日本密宗（眞言宗）有著深厚的歷史因緣，日本眞言宗視之為祖庭。著名的入唐八家：最澄、空海、常曉、圓行、圓仁、惠遠、圓珍、宗睿，除了最澄、常曉二人外，其餘六家都曾至此寺受法。

其中，空海於唐朝貞元二十年（西元八〇四）來到中國長安，在青龍寺向惠果學習密法，後於元和元年（西元八〇六）返回日本，成為日本東密的祖師。

此外，訶陵國僧辨弘，新羅僧惠日、悟眞也曾隨從惠果學習密宗教法。可見唐代的青龍寺已成為國際性的名刹。

舊傳青龍寺擬龍猛南天鐵塔為規制，以華藏世界為版本而作。寺內的結構有上中下三經藏；有灌頂道場，東塔院，傳法院等。寺院內的牆壁嚴飾畫蹟。

雍和宮

◆現存中國北京最大的藏傳佛教寺院

雍和宮為中國北京現存最大的藏傳佛教寺院。位於北京市東城區，又稱為無量宮或雍寺，藏文為「甘丹金恰靈」，意思是吉祥威嚴宮。

雍和宮創建於清朝康熙三十三年（西元一六九四）。原為清世宗胤禎即位前的府邸，雍正三年（西元一七二五）命名為雍和宮。

雍正逝世後，其靈柩安放於此。雍正的畫像亦置於宮內永佑殿（後改名神御殿）。此後乃成為清帝供祀祖先的影（畫像）堂。

於乾隆九年（西元一七四四）改為喇嘛廟，成為清政府管理藏傳佛教事務的中心。

雍和宮的建築具有集合各族建築藝術為一體的獨特風格。主要建築有三座精緻牌坊與天王殿、正殿（雍和宮）、永佑殿、法輪殿、萬福閣（萬佛樓）。

雍和宮

此外，還有東西配殿、四學殿（即講經殿、密宗殿、數學殿、藥師殿）。各殿內供奉很多的佛像。其中，以金、銀、銅、鐵、錫製作的五百羅漢山、金絲楠木的木雕佛龕，以及二十六公尺（露出地面十八公尺）高的旃檀木雕彌勒像，被譽爲「雍和宮三絕」。法輪殿內的宗喀巴銅像亦頗爲珍貴。

此外，宮內珍藏許多藏文經典及各種史書。根據《蒙藏佛教史》記載，雍和宮曾經是以金本巴瓶掣簽確定活佛轉世的地點。道光時，十七世章嘉呼圖克圖轉世，即於此掣定。

高野山

◆日本真言宗的總本山

高野山爲日本古義眞言宗總本山。位於和歌山縣伊都郡高野町。略稱南山、南岳、野山。弘仁七年（西元八一六），空海奏請嵯峨天皇詔許開闢此山，興建伽藍。空海入寂後，弟子眞然繼承其志，陸續完成諸堂。其後，堂舍多遭燒毀，至寬治四年（西元一〇九〇）明算擔任高野山檢校，遂逐漸復興，後又得幕府、武士的護持，印刷事業發達，刊行《高野版大藏經》。此後，人才輩出，宗學大盛。然而，由於宗派勢力的擴大，山上眞言宗的信徒逐漸形成所謂「高野三方」的三個集團。即專事研究的「學侶方」，掌管事務行政的「行人方」，及在山上專修念佛的「聖方」。這三方徒衆，紛爭迭起，時有武力爭鬥。

明治時代之後，此山成爲古義眞言宗的總本山。由於歷經千餘年的經營，此山已成爲日本佛教勝地。寺院建築亦甚爲聞名。

高野山一景

此外，山中重要文物收藏頗豐，如佛涅槃圖、善女龍王畫像、阿彌陀聖衆來迎圖、五大力菩薩像、阿彌陀三尊像、勤操僧正畫像等，皆列爲國寶。另有特具歷史價值的法具及文書等。

比叡山

◆日本天台宗的總本山

日本天台宗總本山延曆寺的所在地，也是九世紀以來日本佛教中心之一。此山橫跨日本京都市左京區與滋賀縣大津市兩地，為日本七高山之一。又作日枝山、日吉山、稗叡山，略稱為叡山、叡嶽、叡峰，或稱天台山、台嶺、北嶺、艮岳等。

山頂呈現馬鞍的形狀，以大嶽（又稱叡南岳、大比叡，標高八四八點三公尺）為主峰，其西有四明嶽（標高八四八點八公尺）。橫川的南尾波母山稱為小比叡。

延曆四年（西元七八五），最澄庵居於本山，七年創建比叡山寺（一乘止觀院），二十四年以本山為根據地而唱天台法華宗，大造伽藍。比叡山寺乃成為鎮護國家的道場。

弘仁十四年（西元八二三）改比叡山寺為延曆寺。最澄之後，義眞、圓仁、圓珍等高僧相繼以延曆寺為根據，宣揚天台宗風。

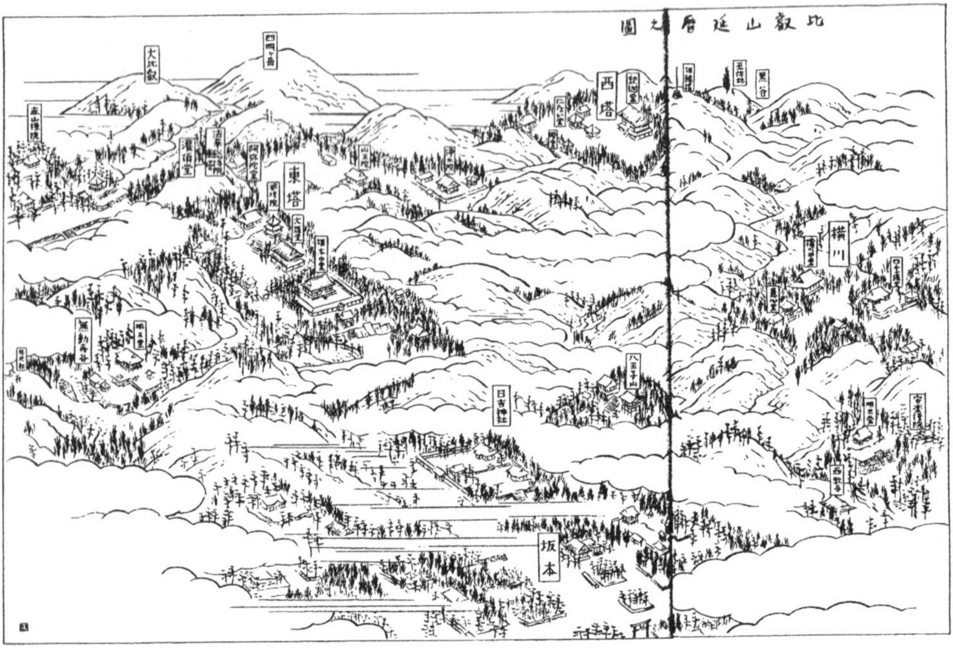

比叡山延曆寺之圖

至第十八世良源時，宗風愈盛，其門下源信、覺運二師更各樹一方之法幢。其後進入鎌倉時代，諸宗開祖多至本山修學，各闢一宗。由是，自平安朝以後，本山與高野山並爲日本佛教的兩大中心。

桑耶寺

◆西藏最早創建的密教寺院

桑耶寺又稱桑鳶寺、桑伊寺、三摩耶寺。位於西藏扎囊雅魯藏布江北岸，拉薩東南方。八世紀赤松德贊時期，仿照印度飛行寺的形式而興建。印度高僧寂護及蓮華生（Padmasambhava），曾協助設計修建此寺。是西藏最早創建的密教寺院。

本寺建築，係按照佛教之世界形成圖說佈置。中央的烏策大殿象徵世界的中心須彌山；南、北的尼瑪（太陽）、達娃（月亮）廟象徵日、月輪；大殿四角有白、青、綠、紅四座舍利塔，象徵四天王；圍繞大殿有十二座建築物，象徵須彌山四方鹹海中的四大部洲與八小洲；而圓形的圍牆，亦是世界的外圍鐵牆。牆頭上，每一公尺左右便有一座紅陶塔。

此種將佛教對世界結構的想像具體化爲寺院建築的奇特形式，在藏傳佛教古寺院中僅此一例，對西藏有深遠的影響。又，主殿（即烏策大殿）高三層，爲梵式

桑耶寺

（上層）、漢式（中層）與藏式（下層）三種藝術的融合體，因此本寺另有「三樣寺」之稱。

此寺完成後，由寂護任堪布，迎請高僧講經傳法，並首次剃度七名貴族子弟出家，史稱「七覺士」。本寺因此成爲西藏具有僧伽組織的第一座寺院。

其後，來自印度及漢地的高僧與七覺士，在寺內共譯顯密經典，譯風頗盛。王室並定「七戶養僧」制度（即七戶人家供養一名出家人），爲佛教在藏族地區的普及、傳播奠下基礎。但在九世紀朗達瑪王滅佛時，此寺曾一度被封。十世紀後半，佛教勢力恢復，成爲寧瑪、薩迦兩派共管的寺院。

曾經數度毀於火災，許多殿宇已蕩然無存，現今僅存建築主體及遺址二十餘處。

塔爾寺

◆為紀念宗喀巴所建立的寺院

塔爾寺又作金瓦寺、塔兒寺。位於青海省湟中縣魯沙爾鎮西南隅。

塔爾寺是中國藏傳佛教格魯派（黃教）六大叢林之一，座落在我國青海省湟中縣魯沙爾鎮，距西寧市西南二十五公里。所謂六大叢林，即西藏的哲蚌寺、色拉寺、甘丹寺、扎什倫布寺，甘肅省的拉卜楞寺和青海的塔爾寺。由於黃教創始人宗喀巴誕生於現在塔爾寺所在地，因此，塔爾寺不僅和宗喀巴具有極密切的關係，並且成爲我國藏傳佛教在西北地區的一個中心。

塔爾寺原名塔兒寺，得名於寺中大金瓦殿內紀念宗喀巴的大銀塔。藏語稱塔爾寺爲「古本」，即十萬佛像之意。相傳宗喀巴降生時，他的母親將胎衣埋於今日銀塔的底下。後來該地生出一株菩提樹，枝葉繁茂，每葉上現出獅子吼佛像一尊。「古本」一詞，藏語中通常用以形容數量衆多，因此該地遂被稱爲「古本」；寺建成後，也以「古本」爲名。可見塔爾寺的歷史和宗喀巴的歷史是分不開的。始建於明．嘉靖三十九年（西元一五六〇），後續有擴建，逐步發展成今日之規模。

寺內佛殿、經堂參差，寶塔林立，建築融會藏、漢兩種風格，主要建築有大金瓦殿、大經堂、彌勒殿、文殊菩薩殿、長壽殿、小金瓦殿、大八如意寶塔等。

大金瓦殿，藏語稱「賽爾頓」，意爲「金瓦」，因屋頂用鎏金銅瓦覆蓋，故名。始建於明．洪武十二年（西元一三七九），是塔爾寺最早的建築及中心建築。殿中央矗立一座大銀塔，高十一公尺，相傳爲宗喀巴出生時，家人爲其埋葬胎衣之處。塔前有金銀燈等裝飾物。殿內蓮台上有塑、鑄、繪畫、堆繡（具有立體感的刺繡）的佛像，牆壁、天花板上繪有佛教故事。殿兩側各有彌勒佛殿一座。

小金瓦殿，藏語稱爲「旃康」，爲塔爾寺的護法神殿。建於明．崇禎四年（西元一六三一）。殿內有金剛力士十餘尊，另有小型佛像、小型銅質鎏金寶塔、經卷等。院內兩側及前方有二層藏式建築的壁畫廊，樓內牆壁繪滿各式壁畫。樓上有野牛、羚羊、狗熊標本，製作精巧，栩栩如生。

塔爾寺

大經堂，藏語稱為「從靈多活」，是塔爾寺佛事活動最集中的地方，亦即集體禮佛誦經的場所。初建於明．萬曆三十九年（西元一六一一），後經幾次擴建。西元一九一三年遭回祿之災，西元一九一七年又重建。為塔爾寺之最大建築，亦為全寺最高權力機構所在。

堂內懸掛著用各種綢緞剪貼的各種佛像，以及佛教故事圖與宗教生活圖，並懸掛著各種壁畫，製作精細，生動別緻。四壁的經架上存放著數以百計的經卷，四壁佛龕中供著上千尊小巧精緻的鎏金銅佛。

此外，大經堂下設四大扎倉（學院）：⑴參尼扎倉（顯宗學院），成立於明．萬曆四十年（西元一六一二）；⑵居巴扎倉（密宗學院），成立於清．順治六年（西元一六四九）；⑶丁科扎倉（時輪學院），成立於清．嘉慶二十二年（西元一八一七）；⑷曼巴扎倉（醫學院），成立於清．康熙五十年（西元一七一一）。

九間殿，藏語稱「尖驕公叟」，係九間硬山式建築，建於明．天啓六年（西元一六二六），是供奉五方如來的地方。殿內有塊數百斤重的黑色大石，上有一個腳印及一對手印，傳說係宗喀巴所留。八大如意寶塔，是八座大小一樣，並列於塔爾寺入口處的寶塔，各高六點四公尺，均建於清·乾隆四十一年（西元一七七六）。係爲紀念釋迦牟尼一生中之八大功德而建。八塔分別爲：蓮聚塔、菩提塔、多門塔、降魔塔、降凡塔、息諍塔、勝利塔、涅槃塔。

大拉浪，亦稱大方丈室，藏語作「扎喜杭賽」，在塔爾寺最高處，建於清·順治七年（西元一六五〇），由山門牌坊、經堂、公署等組成。是塔爾寺行政事務負責人法台的居住處，也是達賴、班禪來塔爾寺時的住地。

每年農曆正月、四月、六月、九月間舉行四大法會，爲全寺之重要宗教活動。此外，本寺以酥油花、壁畫、堆繡聞名於世。

甘丹寺

◆西藏格魯派的第一座寺院

甘丹寺又稱噶爾丹寺、噶勒丹寺。意爲「具足喜（或善）之最殊勝寺院」。位於拉薩達孜縣境內的旺古爾山，與哲蚌寺、色拉寺合稱爲拉薩三大寺。係格魯派創始人宗喀巴於明朝永樂七年（西元一四〇九）所創建。爲格魯派的第一座寺院。清・雍正年間（西元一七二三～一七三五）曾賜名永泰寺。宗喀巴建立此寺，作爲改革西藏佛教的據點，故至示寂爲止，皆於此爲衆講經，並從事著述。

本寺住持，稱爲「甘丹赤巴」（Dgah-ldan-khri-pa，甘丹坐床者），地位凌駕於其他諸寺座主之上。除達賴、班禪的化身活佛外，是一般喇嘛憑藉自身學德所能躋登的地位。在政教兩方面，皆爲達賴喇嘛的得力助手或代言人，任期爲七年。首任甘丹赤巴爲宗喀巴的弟子賈曹傑（Rgyal-tshab-rje）。

全寺規模壯觀，曾設有夏孜、絳孜二所經學院，並有常住僧衆三千三百人。主

甘丹寺

要建築爲大殿及宗喀巴的居所（赤多康）。寺內保存有明清兩代的珍貴文物及宗喀巴的靈塔。然於文化大革命時，全寺毀壞殆盡，西元一九八〇年進行修繕，殿堂內的佛像與壁畫已次第恢復舊觀。

布達拉宮

◆西藏達賴喇嘛的宮殿

十七世紀末期以來，西藏達賴喇嘛的宮殿，及西藏政治、宗教中心。位於西藏拉薩市西北瑪布日山（即紅山）上，是一組宮殿城堡式的建築群，也是世界上海拔最高的古代宮殿。西藏高原的佛教聖地。

「布達拉」，爲梵語Potalaka的音譯。此詞即相傳爲觀世音菩薩住處之「補陀落迦」。而達賴喇嘛也被西藏人認爲是觀世音菩薩的化身。布達拉宮雖然始建於唐代貞觀中期，但在十七世紀重建後，則一直是歷代達賴喇嘛的冬宮與坐床處，並且是西藏政教合一的統治中心。

依《新唐書》〈吐蕃傳〉所載，唐朝貞觀十五年（西元六四一）文成公主與藏王松贊干布成婚後，松贊干布於紅山爲公主築一宮室而居。可惜當初的建築先後毀於赤松德贊時期之雷擊，及朗達瑪時期之兵火，目前僅剩「曲吉卓布」（法王禪定宮，相傳爲松贊干布靜修處）、「帕巴拉康」（聖者佛殿或觀音堂）兩座佛堂。到十七世紀中葉，五世達賴受清朝冊封後，始由其弟索朗繞登主持修建白宮（順治十年，西元一六五三）。五世達賴歿後，再由總管桑結嘉錯增建紅宮（康熙二十九年，西元一六九〇）。此後歷代達賴又陸續增建，尤其是十三世達賴作了較大的擴建，乃具今日之規模。

布達拉宮依山疊砌，蜿蜒至山頂。整體建築可分爲紅山上的紅宮、白宮及山下、龍王潭等四部分。共占地四十一公頃。主樓高十三層，高達一一八公尺，東西長約四二〇公尺，南北約三百公尺，殿堂房舍近萬間。建築均爲石木結構。宮牆厚二至五公尺，全用花崗岩砌築。

紅宮居中，內部包括各類佛堂及歷世達賴喇嘛的靈塔殿，是布達拉宮的宗教活動中心。白宮左右橫列，是歷代達賴喇嘛生活起居及政治活動之所，爲布達拉宮之行政中心。宮內主要殿堂有：達賴靈塔殿、東大殿、西大殿、法王禪定宮、聖者佛殿、三界興盛殿、日光殿、壇城殿、持明殿、世系宮、極樂宮等數十座。

此外，位於布達拉宮紅山後的龍王潭（魯康，或稱龍王塘），是拉薩市的名

布達拉宮

園。現已闢爲公園。方圓約三公里，湖中有小島，島與陸地間有彩繪木橋相連。島上有供奉龍王的神殿。園內林木豐蘢、花草繁茂。碑亭立有二碑，一爲康熙五十九年（西元一七二〇）平定蒙古準噶爾部侵擾西藏，另一爲乾隆五十七年（西元一七九二）驅逐廓爾喀侵略軍出西藏。

布達拉宮正中間突出的宮宇，都以紅土塗牆，稱爲紅宮。主要是佛殿及歷代達賴喇嘛的靈塔殿。其中以第五世達賴喇嘛羅桑嘉措的靈塔最爲高大。該塔始建于西元一六九〇年，三年後完工。高約十五公尺，分塔座、塔瓶、塔頂三大部份。內藏達賴五世之肉身。靈塔共用純金三七二四公斤包裹，並鑲嵌著各種珍貴的金鋼鑽石、紅綠寶石、翠玉、珍珠、瑪瑙等珠寶一萬五千餘顆。塔前供奉著金燈、金水碗等供器、法器。靈塔殿內掛滿了各種幢、幡、寶蓋，是宮中最著名的大殿。

靈塔殿的西側是靈塔的享殿，也就是西大殿（司西平措），面積七百餘平方公尺，是紅宮中最大的殿堂，掛有清·乾隆皇帝之御筆「涌蓮初地」的金字匾額。因爲相傳西藏是一朵蓮花，布達拉宮即中央的蓮台。

另外，大殿的四周掛有描繪五世達賴喇嘛生平事蹟的壁畫。除了五世達賴喇嘛的靈塔外，十三世達賴喇嘛土登嘉措的靈塔「格來頓覺」，位於紅宮最西。建於西元一九四三年。塔高十四公尺，塔身的裝飾比五世達賴喇嘛的靈塔更爲華麗。塔前供的「曼札」就是用二十多萬粒珍珠、瑪瑙、珊瑚等珠寶用金絲串連而成的。殿中也掛有壁畫，繪有十三世達賴喇嘛的傳記。其他諸位達賴喇嘛（六世除外）也都有靈塔。但規模略小。形狀、製作、造型都大致相似。殿上都蓋有金頂，輝煌而莊嚴。

由司西平措享殿上樓，即到「各松格廊廊道」。此地共存壁畫六九八幅。有釋迦牟尼佛本生圖、佛、菩薩、密宗各派的「金科」（壇城）、本尊、明王、明妃、世界之形成與六道輪迴等圖像。以及十七世紀時，修建紅、白兩宮的藍圖，及藏族、漢族工程人員的工作實況。

另外，宮內各殿堂還分別供有各類的佛塔、佛像，貝葉經文、唐卡、法器、供器等物。並完整地保存著明、清以來，中央政府對西藏地方的各種封誥、詔鑑、印鑒、金冊、玉冊、匾額、工藝品，以及醫藥、歷史、文學典籍等大量珍貴文物。僅極樂宮內就供有大小無量壽佛千餘尊。在篤信佛法，政教合一的西藏地區，布達拉宮無論在實權或精神上，都是西藏的重心。

哲蚌寺

◆藏傳佛教規模最大的寺院

藏傳佛教規模最大的寺院，總面積二十多萬平方公尺。位於拉薩市西北五公里的半山坡上，與甘丹寺、色拉寺合稱拉薩三大寺。

此寺主要是仿造印度著名的密教寺院而建造的。寺名hbras-spuń是梵文dhānya-kaṭaka（意為穀堆）的藏譯。創建於西元一四一七年左右（明朝永樂年間），即格魯派的開祖宗喀巴逝世前一、二年，由宗喀巴的高足絳央卻杰（Hjam-dbyaṅschos-rje）奉師命所建。其後三十餘年絳央卻杰皆駐錫此寺。迄達賴五世重建布達拉宮之前，此寺一直是達賴喇嘛的坐床地。

此寺的組織結構猶如一所佛教大學。內設教學、教儀、教務、雜務四大部，並設有四所扎倉（經學院）：羅塞令、果芒及德央三扎倉以學習顯宗理論為主，阿巴扎倉則研習密法。扎倉下設康村，即習經喇嘛之宿舍住所。羅桑康村為蒙古喇嘛的

哲蚌寺

住所，哈木東康村為青海地區喇嘛的住所，羅巴康村為四川、昌都地區喇嘛的住所。

此寺的主要建築有措欽（藏語意為集會）大殿、噶丹頗章（宮）、四大扎倉及康村等。措欽大殿規模最大，內有一八三根大柱，可容納九千名喇嘛誦經。殿正中供奉有文殊菩薩與大白傘蓋佛母像，殿堂中部有天窗，掛滿彩色唐卡（絹軸畫）、帷幕，整個佛殿甚為幽暗，有一小束光線透過天窗直射佛像。此象徵「舉世渾黑，唯有佛光」。噶丹頗章為達賴二世於明．嘉靖九年（西元一五三〇）所建。二、三、四、五世達賴喇嘛均在此施政居住，亦稱極樂宮。

此外，寺內珍藏甚多歷史文物、佛教經典、法器、供器、唐卡及各類工藝品。

薩迦寺

◆為藏傳佛教薩迦派祖寺

薩迦寺（藏名sa-skya-mgon-pa），座落在西藏日喀則薩迦縣境內本波山麓，仲曲河兩岸。薩迦，藏文意義爲「灰白土」。這是因爲薩迦城北山上有一片灰色的岩石，幾經風化後成土狀。「薩」，藏語就是土的意思，「迦」，是灰色的意思，這就是寺名的由來。本寺爲藏傳佛教薩迦派的祖寺。薩迦派因該派寺院牆塗紅、白、灰三色，所以又被稱爲花教。

薩迦寺分南北兩寺。北寺位於河北山坡上，爲薩迦派創始人昆·袞卻傑波於北宋神宗熙寧六年（公元一〇七三年）創建（或說建於公元一〇七九年）。主要建築有大殿（烏則拉康）和雄雅拉康、剛卡拉康等，現今只存大殿，餘殿皆已圮毀。大殿高二層，有配殿，名「列郎」，爲元代建築，尙保存完好。由於當時薩迦派尙未取得政權，所以寺院規模較小。

薩迦寺

南寺位於仲曲河南岸平原上，爲薩迦派第五代祖師八思巴，於南宋咸淳四年（即蒙古至元五年，公元一二六八年）所建。

薩迦南寺四周築有護城河及兩重城牆。平面呈方形，總占地面積約爲四萬五千平方公尺。內城牆高八公尺、寬三公尺，爲石包砌夯土牆，四角上有三至四層高的角樓，城牆上有女兒牆垛口（公元一九四八年大修時改成藏式平台檐），四方城牆中段有碉樓。外城牆稱羊馬城，爲回形土築牆。城外護城河寬八公尺，全爲石砌。城北、西、南三面無門，唯東向有門、橋各三座，相互對應。寺內主要建築有大經堂、八思巴「則金拉丈」（公署）及僧舍多處。

大經堂是南寺的主體建築，爲夯土牆體，內院式，南北長約八三公尺左右，東西寬約六八公尺左右，高二十一公尺。分四座殿堂，正殿內部有四十根稍加修斫的柏樹原木立柱，其中有四根尤爲碩大，直徑均在一．三公尺左右，最大的一根叫「甲那思欽葛瓦」，傳說爲元代時皇帝所送。

寺內還保存有大量元代壁畫、雕像和刺繡、供器，藏有卷帙浩繁的手抄經典和歷史、醫藥、天文、曆算、文學、地理等各種文獻圖書，是西藏少有藏書和寫經中心。

經堂右側和後面，是八思巴的「則金拉丈」（即薩迦法王的公署）及僧舍。現尚保存有部分元代的歷史遺跡。

薩迦南寺是西藏建築史上具有代表性的實例，不論在建築布局或設計上，都兼具了戰事防禦的要求，如東入口門道狹窄，成工字形，有閘門。城門孔道頂部，還開有墮石洞，形成進犯難以逾越的封鎖線。由於僧俗勢力與政治的緊密結合，薩迦寺不但是宗教活動場所，同時也是政治、經濟、文化的活動中心，推動了內地與西藏文化技術的交流。本院本身即融匯了藏、蒙、漢三種建築風格。

第六章 密宗的重要經典

大日經

◆為日本最高地位的密教經典

《大日經》在中國與印度的密教中，位於何等地位並沒有很明確的看法，然而此經傳到日本後，卻一躍而成爲最高地位的密教經典。

在東密中，《金剛頂經》與《大日經》並沒有輕重之別，皆被視爲最崇高的經典。《金剛頂經》是詮釋的「智」，《大日經》是明示的「理」，而此理、智是表裡如一，不可分別的；所以此二經典雖爲二，實不爲二。

台密中的《金剛頂經》與《大日經》，在智、理之配列上雖有些相同，但認爲理是爲理，智是爲智，二者是各自獨立存在。天台密宗的《蘇悉地經》是詮釋理智融合不二深入探討的經典；以上三經被尊爲密教三部經。

天台密宗中的《金剛頂經》詮釋金剛界，亦即智；《大日經》詮釋胎藏界，亦即理；智理被視爲相對的。認爲《金剛頂經》與《大日經》間有明顯的輕重之分。東密中則認爲理、智是二而爲一的。

台、東兩密的見解，由此分歧，至血脈相承思想上，此點具有重大的意義。台、東兩密之所以佔有不同的地位，完全是因爲見解互異而衍發。

密教的善無畏三藏認爲：《金剛頂經》爲《華嚴經》的深密，《大日經》爲《法華經》的深密，在無畏三藏的《大日經疏》中，把胎藏界曼荼羅述說爲：「妙法蓮華最深密處。」

又金剛智三藏口授，不空三藏筆錄的《金剛頂義訣》中，在明示《梵網戒經》

是《金剛頂經》的略述之處，即隱藏著前述思想。（《梵網戒經》爲《華嚴經》的部分，《金剛頂義訣》爲《金剛頂經出經》的註疏）。

又台密，依《大日經義釋》作者新羅覺苑，在其著作《演密抄》中，認爲《大日經》教主爲應身釋迦牟尼佛。在《演密抄》第二，關於《大日經》教主如下描述：「今所稱如來，爲佛之加持身，亦即應身。」又說：「如來之爲佛的加持身，亦即身應身他受用。」從這裡可以明顯地看出，覺苑是以他受用勝應身當做教主。對大日經教主的想法，更呈現了東、台兩密的不同。

弘法大師在《大日經》開題上敘述著：「大毘盧遮那成佛神變加持經入眞言門住心品者，是則諸佛之大祕，衆生之極妙，報應諸佛秘而不談，變化如去默而不答。」明顯地說明《大日經》非報身勝應佛所說，而是自性法身之宣示，故教主是法身佛。

雖然台密、東密對於教主的見解也是互異，但是由古至今，至少日本的佛教學者承認《大日經》，在諸大乘經中居王座之地位。

《大日經》，漢譯成《大毘盧遮那成佛神變加持經》，在《大日經》的註釋爲：梵音毘盧遮那（Vairocana）者，是日之別名，即除暗遍明之義也……成佛者，具促梵音應云成三菩提（abhisambodhi），是正覺正知義，簡稱成佛；神變加持（Vikurvatdhihna）者，舊譯或云神力所持，或云佛所護念……，若據梵本應具題云「大廣博經因陀羅王（mahvaipulyas- trendrarja）」。藏譯奈塘（sNar-tha）版中之梵名記爲（Mah- Vairocan- bhisabodhi-vikur-vitdhihna-vaipulya-strn-dra-rja-n- ma-dharmaparyya）。（vikurvita或爲vikti之誤寫）。

藏譯中將大毘盧遮那（Maha-Vairocana）稱爲rNam-par sNanmJad - chen-po。河口慧海譯爲「作完全光明之大者」，成三菩提（abhisambod- hi）藏譯爲meonpar rZogs par Bya-chub-pa，意爲「圓明完滿成佛」；神變加持（Vikurvita-adhihna）藏譯是rNamparsars Prul-Pa Byin Gyis rLob-Pa，意爲「完全之變化加持」；廣博經因陀羅王（Vaipulyas- trendrarja），藏譯是Sin-TurGyas-pa mDo-sDeli dBa-PoirGyar-Po，意爲「甚爲擴大經中之帝王」；名法說（nma-dharma-paryya），藏譯sesBya- Bai Chos-Kyi rNam-Gras，河口慧海譯爲「名法之詳說」。

金剛頂經

◆南天鐵塔內的經本

關於《金剛頂經》的由來，在金剛智三藏口授、不空三藏筆錄之《金剛頂經大瑜伽祕密心地法門義訣》，有言：

「此經有百千頌廣本，非此土所聞。並是諸佛大菩薩等甚深祕密境界相，亦非聲聞、緣覺及人天小智之所聞知；此地梵網經兩卷從此經中出淺略之行相也，其中廣相，根末有堪……其百千頌本，復是菩薩大藏經中次略也；其大經本，阿闍梨云：經夾廣長如床，厚四五尺，有無量頌，在南天竺界鐵塔之中。佛越度後數百年間，無人能開此塔。以鐵扉、鐵鎖而封閉之。

其中天竺國佛法漸衰，時有大德（龍猛菩薩）先誦持毘盧遮那眞言，得毘盧遮那佛而現其身及現多身，於虛空中說此法門及文字章句，次第令寫訖即滅，即今《毘盧遮那念誦法要》一卷。

是時，此大德持誦成就，願開此塔；於七日中，遶塔念誦，以白芥子七粒打此塔門乃開，塔內諸神，一時踊怒，不令得入。唯見塔內，香燈光明，一丈二丈，名華寶蓋，滿中懸列；又聞讚聲，讚此經王。

時，此大德至心懺悔，發大誓願，然後得入此塔中。入已，其塔尋閉，經於多日，讚此經王廣本一遍，爲如食頃；得諸佛菩薩指授，所堪記持不忘，便令出塔，塔門還閉如故。爾時，書寫所記持法，有百千頌。」

此經百千頌而爲南天鐵塔內無量頌的略本，則所謂十萬頌的廣本，即指此經。金剛界所結集的經，總計十萬頌，共十八會，凡說法處有十二、如下所示：

第一會：一切如來眞實攝大乘現證大教王

第二會：一切如來祕密主瑜伽——於色究竟天說

第三會：一切教集瑜伽——於法界宮殿說

第四會：降三世金剛瑜伽——於須彌盧頂說

第五會：世間出世間金剛瑜伽——於波羅奈國空界中說

第六會：大安樂不空三昧耶眞實瑜伽——於他化自在天宮說

第七會：普賢瑜伽──於普賢菩薩宮殿中說

第八會：勝初瑜伽──於普賢宮殿說

第九會：一切佛集會拏吉尼戒網瑜伽──於眞言宮殿說

第十會：大三昧耶瑜伽──於法界宮殿說

第十一會：大乘現證瑜伽──於阿迦尼吒天說

第十二會：三昧耶最勝瑜伽──於空界菩提場說

第十三會：大三昧耶眞實瑜伽──於金剛界曼荼羅道場說

第十四會：如來三昧耶眞實瑜伽

第十五會：祕密集會瑜伽──於祕密處說（喻師婆伽處般若波羅蜜宮）

第十六會：無二平等瑜伽──於法界宮說

第十七會：如虛空瑜伽──住實際宮殿說

第十八會：金剛寶冠瑜伽──於第四靜慮天說

這是出於《金剛頂經瑜伽十八會指歸》，其中第一會及第十四會並沒有記載說法處所。但是，在《金剛一切如來眞實攝大乘現證大教王經》卷上，有明載「住阿迦尼吒天王宮中大摩尼殿」，因此可明瞭第一會的說法處在色究竟天。另外，第十四會可能是在第十三會的金剛界曼荼羅道場所說，於是總計十二處、十八會。

金剛頂大本中記述如上的十八會，但「十八會指歸」，是不空三藏取十萬頌大本之意，略述而成的，現在流通的金剛界諸經，都是由大本中摘取精要，或者略述其大意所成的經本，以下僅就主要三種漢譯版本說明：

㈠不空譯（唐朝天寶三年，西元七五三年）《金剛一切如來眞實攝大乘現證大教王經》三卷。

第一會在色究竟天宮說、一切如來眞實攝大乘現證大教王會，共分金剛界品、降三世品、遍調伏品、一切義成就品等四大品。其中，第一品的金剛界品說六曼荼羅（羯摩會、三昧耶會、微細會、供養會、四印會、一印會）。現圖九會中起始的六曼荼羅，即爲此品，此經即爲包含這些內容的初品譯本，爲眞言宗所依據的經典。

㈡施護（Dnapla宋朝大中祥符五十八年，西元一〇一二～一〇一五年）等譯《佛說一切如來眞實攝大乘現證三昧大教王經》三十卷。

此經爲初會之全譯本。梵文以三十二字爲一頌，大般若經爲三十萬頌之譯本，總計六百卷。現念之金剛頂大本，總計十萬頌，其數理應有三百卷，而今三十卷，僅有其中十分之一。

㈢金剛智（Vajrabodhi，唐朝開元二年，西元七二三年）譯《金剛頂瑜伽中略出念誦經》四卷。

此經由大本中節略灌頂（Abhiseka）等秘要而成。

以上三譯本之外，還有不空譯《金剛頂蓮華部心念誦儀軌》一卷以及《諸佛境界攝眞實經》。

《蘇悉地經》

◆日本台密的三部大法之一

《蘇悉地經》共三卷。唐朝輸波迦羅（善無畏）譯。全名為《蘇悉地羯羅經》，又作《蘇悉帝羯羅經》，或意譯作《妙成就作業經》、《妙成就法》。收在《大正藏》第十八冊。本書為五部祕經、三部祕經之一，是頗受重視的密教經典。

全經分三十四品，就佛、蓮華、金剛三部，述說相應於息災、增益、降伏等作法之眞言及其持誦法、持誦者之人品、供養法、灌頂法、三種護摩等密教儀軌，以及根據此等密教儀軌而來的種種成就法。

本經有高麗本、宋本、和本等三種版本。三本雖皆為三卷，但仍有若干差異：⑴高麗本三十七品，宋本三十八品，和本三十四品。⑵高麗本及宋本二本之中卷相當於和本之下卷，二本之下卷相當於和本之中卷。⑶宋本與和本皆闕高麗本的〈扇底迦品〉、〈補瑟徵迦法品〉、〈阿毗遮嚕迦品〉三品，高麗本則闕宋本與和本最後之〈成就具支法品〉。此外，本經亦有西藏譯本。

由於本經係闡明眞言行者之威儀法則等，因此古來被稱爲毘奈耶。《開元釋教錄》卷九〈善無畏譯經〉記載：「蘇悉地羯羅經三卷，唐言妙成就法，此與蘇婆呼並是毘奈耶，不曾入大曼荼羅，不合輒讀。同未受具人盜聽戒律，便成盜法。」日僧空海當係依此說，而以本經爲密教律部的戒經。在空海之《三學錄》中，此經與《蘇婆呼童子經》即爲持明藏中之二部戒本。密教以爲，眞言行者的行住坐臥，若能常依此二經，則悉地之事業較易成就。

此經亦爲日本台密所立三部大法之一。金剛界法、胎藏界法及此蘇悉地法三部大法中，台密特別重視此蘇悉地法，以之爲「金胎不二，兩部合一」之最極祕法。

此法係爲令速成就三種悉地所修的念誦法，其行法乃依圓仁的《蘇悉地妙心大》，及最澄的《藥師儀軌》的次第。

喜金剛本續

◆為無上瑜伽部的代表經典

《喜金剛本續》共五卷。宋朝法護翻譯。收於《大正藏》第十八冊。又稱爲《大悲空智大教王儀軌經》、《大悲空智金剛經》、《喜金剛本續王》，印度、西藏註釋家稱爲《二儀軌》（Dvikalpa）。係世尊爲金剛藏菩薩所說，內容主要在敘述雙修（雙運）法，及其他無上瑜伽的某些法門。

本經屬四種怛特羅中的無上瑜伽部（Anuttarayoga），爲般若或瑜伽母本續的代表，在印度及西藏頗受尊崇。

關於本經成立的年代，學界根據：⑴《瑜伽寶鬘》（爲本經的註釋）作者甘赫（Kāṇha）的生卒年代，⑵經中所用阿巴班夏語（Apabhraṃs）的流行年代，⑶本經的思想基礎《眞實攝怛特羅》的成立年代，而推定爲八世紀末期。

本經的梵本於一九五九年，由歐洲佛教學者斯奈哥羅夫（D.L.Snellgrove）以

《The Hevajra tantra》之名出版。該書以圖奇（G.Tucci）所藏的十九世紀尼泊爾本、劍橋大學圖書館所藏寫本及孟加拉亞細亞協會所藏寫本爲底本，並附有藏譯、英譯以及《瑜伽寶鬘》（Yogaratnamālā）。

在註釋書及成就法方面，梵本的註釋書有前揭的《瑜伽寶鬘》一書，而梵本的成就法另有數部收在《成就法鬘》（Śādhanamālā）中。此外，《西藏大藏經》中也收有頗多本經的註釋書及成就法。其中較具代表性的有：金剛藏（Vajragarbha）的《喜金剛攝義廣註》（Hevajra-piṇḍārtha-tikā）、那洛巴（Nā-ro-pa）的《金剛句眞髓集細疏》（Vajrapada-sāra-saṃgaha-pañjikā）、寶藏吉（Ratnākaraśānti）的《吉祥喜金剛細疏眞珠鬘》（Śri-hevajra-pañjikā-muktikāvali-nāma）。

上述斯奈哥羅夫的《The Hevajra tantra》一書，在台灣已有翻譯本，中文譯名即爲《喜金剛本續》，由時輪譯經院出版。

甘珠爾

◆西藏所傳的大藏經

爲西藏所傳的大藏經，爲藏文佛教根本要典的叢書。《甘珠爾》爲其中一部，另一部爲《丹珠爾》。

《甘珠爾》又名佛部、正藏、佛語部，收錄經、律與密咒等三部份。

《甘珠爾》的主要內容：在各種西藏大藏經的版本中，以奈塘新版、德格版、北京版較具代表性。奈塘新版，是在十八世紀中葉奉達賴喇嘛七世之命，於奈塘寺增補古版，出版《甘珠爾》與《丹珠爾》兩藏。

其中《甘珠爾》分二部：(1)因乘般若部，又分目錄一函、戒律部十三函、般若部二十一函、華嚴部六函、寶積部六函、雜經部三十一函、涅槃部二函；(2)果乘祕密部，分爲瑜伽無上祕經、瑜伽祕經、修祕經、作祕經四種，總計一〇二函六百餘部。

德格版則是德薩國王於西元一七三〇年以後，命令康區（前之西康，今之昌都、甘孜一帶）德格的奮多布典寺出版，內容最爲充實。將《甘珠爾》分爲律、般若、華嚴、寶積、經、祕密及總目錄等七部，又於經部立大乘經及小乘經，祕密部附陀羅尼集二函與祕密時輪經註釋二函，計收一百函七百餘部。

北京版，乃清聖祖康熙二十三年（西元一六八四）將明代永樂版再版，高宗乾隆二年（西元一七三七）予以增補，但只收《甘珠爾》。《甘珠爾》部份共分六部，即祕密、般若、寶積、華嚴、諸經、戒律等六部，共收一〇六函一千餘部。

近世研究《甘珠爾》的版本目錄者頗多，如丹麥學者哈爾（Eric Haarh）有《德格版和拉薩版甘珠爾比較表》（西元一九六二），巴達拉耶夫（R. D. Badaraev）撰有《論不同版本的甘珠爾》（西元一九六八），日本學者壬生台舜有《柴尼版、北京版、德格版和奈塘版甘珠爾分部比較表》（西元一九五九），河口慧海出版《奈塘版西藏大藏經甘珠爾目錄》等。

丹珠爾

◆以收錄一般性的論書之藏經

《丹珠爾》又名副藏、祖部或雜藏，收錄讚頌、經釋與語言、文學、歷史、醫學等一般性的論書。

《丹珠爾》之開版較遲。清‧雍正二年（西元一七二四）的北京版中，第一次收錄《丹珠爾》，這比《甘珠爾》的奈塘古版（即十三世紀初葉開雕者）約晚四百年。其後所開雕的，僅有奈塘新版、德格版與卓尼新版。

此中，德格版中的《丹珠爾》收讚頌部一函、祕密部七十八函、般若部十六函、中觀部十六函、經疏部十一函、唯識部十六函、俱舍部十一函、律部十八函、佛傳部及書翰部六函、因明部二十函、聲明部四函、醫明部一函、工巧明部五函、西藏撰述部及補遺論部九函、總目錄一函，共二一三函。

奈塘新版收讚頌部一函、祕密部八十七函、經釋部一三〇函、聲明等五函、目錄一函，共二二四函。北京版收讚頌部半函、祕經疏部八十六函半、經疏部一二二函半、補遺經及西藏撰述、願文等有十二函半，總計收二二四函。

附錄：本書名詞索引

十三劃

十四劃

十五劃

十六劃

十七劃

十八劃

二十劃

二十一劃

全佛文化圖書出版目錄

佛教小百科系列

□ 佛菩薩的圖像解說1-總論•佛部	320	□ 佛教的塔婆	290
□ 佛菩薩的圖像解說2-菩薩部•觀音部•明王部	280	□ 中國的佛塔-上	240
		□ 中國的佛塔-下	240
□ 密教曼荼羅圖典1-總論•別尊•西藏	240	□ 西藏著名的寺院與佛塔	330
		□ 佛教的動物-上	220
□ 密教曼荼羅圖典2-胎藏界上	300	□ 佛教的動物-下	220
□ 密教曼荼羅圖典2-胎藏界中	350	□ 佛教的植物-上	220
□ 密教曼荼羅圖典2-胎藏界下	420	□ 佛教的植物-下	220
□ 密教曼荼羅圖典3-金剛界上	260	□ 佛教的蓮花	260
□ 密教曼荼羅圖典3-金剛界下	260	□ 佛教的香與香器	280
□ 佛教的真言咒語	330	□ 佛教的神通	290
□ 天龍八部	350	□ 神通的原理與修持	280
□ 觀音寶典	320	□ 神通感應錄	250
□ 財寶本尊與財神	350	□ 佛教的念珠	220
□ 消災增福本尊	320	□ 佛教的宗派	295
□ 長壽延命本尊	280	□ 佛教的重要經典	290
□ 智慧才辯本尊	290	□ 佛教的重要名詞解說	380
□ 令具威德懷愛本尊	280	□ 佛教的節慶	260
□ 佛教的手印	290	□ 佛教的護法神	320
□ 密教的修法手印-上	350	□ 佛教的宇宙觀	260
□ 密教的修法手印-下	390	□ 佛教的精靈鬼怪	280
□ 簡易學梵字(基礎篇)-附CD	250	□ 密宗重要名詞解說	290
□ 簡易學梵字(進階篇)-附CD	300	□ 禪宗的重要名詞解說-上	360
□ 佛教的法器	290	□ 禪宗的重要名詞解說-下	290
□ 佛教的持物	330	□ 佛教的聖地-印度篇	200

佛經修持法系列

□ 如何修持心經	200	□ 如何修持阿閦佛國經	200
□ 如何修持金剛經	260	□ 如何修持華嚴經	290
□ 如何修持阿彌陀經	200	□ 如何修持圓覺經	220
□ 如何修持藥師經-附CD	280	□ 如何修持法華經	220
□ 如何修持大悲心陀羅尼經	220	□ 如何修持楞嚴經	220

光明導引系列

□ 阿彌陀經臨終光明導引-臨終救度法	350	□ 送行者之歌(附國台語雙CD)	480

洪老師禪座教室系列

- ☐ 靜坐-長春.長樂.長效的人生 200
- ☐ 放鬆(附CD) 250
- ☐ 妙定功-超越身心最佳功法(附CD) 260
- ☐ 妙定功VCD 295
- ☐ 睡夢-輕鬆入眠•夢中自在(附CD) 240
- ☐ 沒有敵者-強化身心免疫力的修鍊法(附CD) 280
- ☐ 夢瑜伽-夢中作主.夢中變身 260
- ☐ 如何培養定力-集中心靈的能量 200

禪生活系列

- ☐ 坐禪的原理與方法-坐禪之道 280
- ☐ 以禪養生-呼吸健康法 200
- ☐ 內觀禪法-生活中的禪道 290
- ☐ 禪宗的傳承與參禪方法-禪的世界 260
- ☐ 禪的開悟境界-禪心與禪機 240
- ☐ 禪宗奇才的千古絕唱-永嘉禪師的頓悟 260
- ☐ 禪師的生死藝術-生死禪 240
- ☐ 禪師的開悟故事-開悟禪 260
- ☐ 女禪師的開悟故事(上)-女人禪 220
- ☐ 女禪師的開悟故事(下)-女人禪 260
- ☐ 以禪療心-十六種禪心療法 260

佛家經論導讀叢書系列

- ☐ 雜阿含經導讀-修訂版 450
- ☐ 異部宗論導讀 240
- ☐ 大乘成業論導讀 240
- ☐ 解深密經導讀 320
- ☐ 阿彌陀經導讀 320
- ☐ 唯識三十頌導讀-修訂版 520
- ☐ 唯識二十論導讀 300
- ☐ 小品般若經論對讀-上 400
- ☐ 小品般若經論對讀-下 420
- ☐ 金剛經導讀 220
- ☐ 心經導讀 160
- ☐ 中論導讀-上 420
- ☐ 中論導讀-下 380
- ☐ 楞伽經導讀 400
- ☐ 法華經導讀-上 220
- ☐ 法華經導讀-下 240
- ☐ 十地經導讀 350
- ☐ 大般涅槃經導讀-上 280
- ☐ 大般涅槃經導讀-下 280
- ☐ 維摩詰經導讀 220
- ☐ 菩提道次第略論導讀 450
- ☐ 密續部總建立廣釋 280
- ☐ 四法寶鬘導讀 200
- ☐ 因明入正理論導讀-上 240
- ☐ 因明入正理論導讀-下 200

談錫永作品系列

- ☐ 閒話密宗 200
- ☐ 西藏密宗占卜法-妙吉祥占卜法(組合) 580
- ☐ 細說輪迴生死書-上 200
- ☐ 細說輪迴生死書-下 200
- ☐ 西藏密宗百問 250
- ☐ 觀世音與大悲咒 220
- ☐ 佛家名相 220
- ☐ 密宗名相 220
- ☐ 佛家宗派 220
- ☐ 佛家經論-見修法鬘 180
- ☐ 生與死的禪法 260
- ☐ 細說如來藏 280
- ☐ 如來藏三談 300

大中觀系列

- ☐ 四重緣起深般若-增訂版 420
- ☐ 心經內義與究竟義-印度四大論師釋《心經》 350
- ☐ 聖入無分別總持經對堪及研究 390
- ☐ 《入楞伽經》梵本新譯 320
- ☐ 《寶性論》梵本新譯 320
- ☐ 如來藏論集 330
- ☐ 如來藏二諦見 360
- ☐ 《聖妙吉祥真實名經》梵本校譯 390
- ☐ 《聖妙吉祥真實名經》釋論三種 390
- ☐ 《辨中邊論釋》校疏 400

甯瑪派叢書-見部系列

- ☐ 九乘次第論集-佛家各部見修差別 380
- ☐ 甯瑪派四部宗義釋 480
- ☐ 辨法法性論及釋論兩種 480
- ☐ 決定寶燈 480
- ☐ 無修佛道-現證自性大圓滿本來面目教授 360
- ☐ 幻化網秘密藏續釋-光明藏 560
- ☐ 善說顯現喜宴-甯瑪派大圓滿教法 650

甯瑪派叢書-修部系列

- ☐ 大圓滿心性休息導引 395
- ☐ 大圓滿前行及讚頌 380
- ☐ 幻化網秘密藏續 480
- ☐ 六中有自解脫導引 520

李潤生作品系列

- ☐ 佛家輪迴理論-上 360
- ☐ 佛家輪迴理論-下 390
- ☐ 生活中的佛法-山齋絮語 390
- ☐ 百論析義-上 450
- ☐ 百論析義-下 480
- ☐ 唯識.因明.禪偈的深層探究-上 350
- ☐ 唯識.因明.禪偈的深層探究-下 390

蓮花生大士全傳系列

- ☐ 蓮花王 320
- ☐ 師子吼聲 320
- ☐ 桑耶大師 320
- ☐ 廣大圓滿 320
- ☐ 無死虹身 320
- ☐ 蓮花生大士祈請文集 280

密乘寶海系列

- ☐ 現觀中脈實相成就-開啟中脈實修秘法 290
- ☐ 智慧成就拙火瑜伽 330
- ☐ 蓮師大圓滿教授講記-藏密寧瑪派最高解脫法門 220
- ☐ 密宗修行要旨-總攝密法的根本要義 430
- ☐ 密宗成佛心要-今生即身成佛的必備書 240
- ☐ 無死-超越生與死的無死瑜伽 200

□ 密宗的源流-密法內在傳承的密意 240
□ 恒河大手印-傾瓶之灌的帝洛巴恒河大手印 240
□ 岡波巴大手印-大手印導引顯明本體四瑜伽 390
□ 大白傘蓋佛母-息災護佑行法(附CD) 295
□ 孔雀明王行法-摧伏毒害煩惱 260
□ 月輪觀•阿字觀-密教觀想法的重要基礎 350
□ 穢積金剛-滅除一切不淨障礙 290
□ 五輪塔觀-密教建立佛身的根本大法 290
□ 密法總持-密意成就金法總集 650

高階禪觀心要系列

□ 念佛三昧-迅速匯集諸佛功德的法門 290
□ 首楞嚴三昧-降伏諸魔的大悲勇健三昧 380

高階禪觀系列

□ 通明禪禪觀-迅速開啟六種神通的禪法 200
□ 十種遍一切處禪觀-調練心念出生廣大威力的禪法 280
□ 四諦十六行禪觀-佛陀初轉法輪的殊勝法門 350
□ 三三昧禪觀-證入空、無相、無願三解脫門的禪法 260
□ 大悲如幻三昧禪觀-修行一切菩薩三昧的根本 380
□ 圓覺經二十五輪三昧禪觀-二十五種如來圓覺境界的禪法 400

禪觀寶海系列

□ 禪觀秘要 1200

白話佛經系列

□ 白話華嚴經(第一冊) 680

其他系列

□ 入佛之門-佛法在現代的應用智慧 350
□ 如觀自在-千手觀音與大悲咒的實修心要 650
□ 神通-佛教神通學大觀 590
□ 仁波切我有問題-一本關於空的見地、禪修與問答集 240
□ 認識日本佛教 360
□ 普賢法身之旅-2004美東弘法紀行 450

離言叢書系列

□ 解深密經密意 390

全套購書85折、單冊購書9折
（郵購請加掛號郵資60元）

全佛文化事業有限公司
新北市新店區民權路95號4樓之1
Buddhall Cultural Enterprise Co.,Ltd.
購書專線:886-2-2913-2199
購書傳真:886-2-2913-3693
郵政劃撥帳號：19203747
戶名：全佛文化事業有限公司

佛教小百科45

《密宗的重要名詞解說》

主　　編　全佛編輯部
執行編輯　許文筆、吳霈媜
校　　對　劉詠沛
出　　版　全佛文化事業有限公司
永久信箱：台北郵政26-341號信箱
訂購專線：(02)2913-2199
傳真專線：(02)2913-3693
發行專線：(02)2219-0898
郵政劃撥：19203747　戶名：全佛文化事業有限公司
E-mail：buddhall@ms7.hinet.net
http://www.buddhall.com
門　　市　心茶堂・新北市新店區民權路95號4樓之1（江陵金融大樓）
門市專線：(02)2219-8189
行銷代理　紅螞蟻圖書有限公司
台北市內湖區舊宗路二段121巷28之32號4樓（富頂科技大樓）
電話：(02)2795-3656
傳真：(02)2795-4100

二〇〇七年三月　初版
二〇一二年七月　初版二刷
定價新台幣　二九〇元
ISBN　978-986-6936-09-8（平裝）
版權所有・請勿翻印

國家圖書館出版品預行編目資料

密宗的重要名詞解說 / 全佛編輯部主編
--初版. -- 臺北市：全佛文化, 2007[民96]
面；　公分. -(佛教小百科；45)
含索引
ISBN 978-986-6936-09-8(平裝)

1.藏傳佛教 — 字典，辭典
226.96　　96004582

All Rights Reserved. Printed in Taiwan.
Published by BuddhAll Cultural Enterprise Co.,Ltd.